教师教学效能视域下教师成长个案分析

刘光余　著

北京工业大学出版社

图书在版编目（CIP）数据

教师教学效能视域下教师成长个案分析 / 刘光余著 . —
北京：北京工业大学出版社，2020.4（2021.9 重印）
　ISBN 978-7-5639-7353-8

　Ⅰ．①教… Ⅱ．①刘… Ⅲ．①师资培养－案例－中国
Ⅳ．① G451.2

　中国版本图书馆 CIP 数据核字（2020）第 061541 号

教师教学效能视域下教师成长个案分析
JIAOSHI JIAOXUE XIAONENG SHIYUXIA JIAOSHI CHENGZHANG GEAN FENXI

著　　者：刘光余
责任编辑：邓梅菡
封面设计：点墨轩阁
出版发行：北京工业大学出版社
　　　　　（北京市朝阳区平乐园 100 号　邮编：100124）
　　　　　010-67391722（传真）　　bgdcbs@sina.com
经销单位：全国各地新华书店
承印单位：三河市嵩川印刷有限公司
开　　本：710 毫米 ×1000 毫米　1/16
印　　张：11.25
字　　数：225 千字
版　　次：2020 年 4 月第 1 版
印　　次：2021 年 9 月第 2 次印刷
标准书号：ISBN 978-7-5639-7353-8
定　　价：52.00 元

前　言

本书的题目是"教师教学效能视域下教师成长个案分析"，主要运用叙事的方法分析教师教学效能形成机制问题。本书的个案分析以"县中"为例，"县中"指处于农村地区的、在生源质量和办学资源以及师资水平等方面都处于不利地位的县一级行政区域内的中学，所谓"县中模式"是指江苏省部分区县的高中采用应试教学的模式获得高考丰收的做法。

在我国农村教育相对落后的情况下，某些（甚至很多）农村地区的学校要么屈服于场域的力量，对落后的教育现实听之任之，要么把师生的吃苦耐劳、刻苦用功等特点"发挥"到极致，依靠拉长教师的教学时间和学生的学习时间来获取所谓的"高质量"。对教学和学习时间的极限扩张，导致了"县中"的师生工作、学习压力巨大，极大地影响了他们的生活质量和身心健康。本书的基本观点：虽然影响教师教学效能的因素有很多，这些因素又多向度地相互作用使得教学效能非常复杂，但是，教师教学效能研究的历史和实践证明，教师提升教学效能的过程就是教师基于一定的哲学观综合运用科学和艺术手段的过程。本书通过对两所有代表性的"县中"的改革探索的追踪，以及对白斌老师和雷鸣老师在教师专业发展、教育理念的形成、课堂学习共同体的构建和教学策略的运用等几个方面的叙事，描述了教师在一定哲学观指导下，综合运用科学和艺术的手段来提升教学效能的过程。

教育质量是教育永恒的主题。目前，改进教学模式、提高教育质量、培养高素质人才，已经成为世界各国的共同呼声。教师在教育革新中具有举足轻重的地位，教师的教学效能对教育质量产生着重要的影响。本书著者认为，教师教学效能的理论与教育者实践只是研究者假定的两极，教师的教学既不像理性主义者所建议的那样由理论派生出实践，也不像行为主义者所建议的那样只要实践而不需要空乏理论的指导。对教师的教学起作用的理论必须根植于教育者的实践，并与教师的实践共生共长，被教师内化在教学行动中。

当代中国社会相对稳定，由体制变化引发的社会结构变动和社会流动明显减少，社会流动变得越来越常规化。农民把升学作为子女实现向上流动的重要途径，于是，县中就成为农村的孩子实现梦想的地方。几年来，县中模式在取得了高考的辉煌成绩的同时，它所采取的"魔鬼教育"也导致了师生生命意义

的贬损，甚至导致了许多为了今天而失去明天的人间悲剧。人们在口诛笔伐的同时，也开始探寻突破县中模式重围之路。笔者带着这个问题考察了西南农村地区的重庆市 A 中学和广西壮族自治区 B 中学。从笔者考察的情况来看，这两所学校也同其他县中一样，与许多城区学校相比，他们在生源、经费等方面都不占优势，但他们在突破"县中模式"的过程中，采取有效措施，强化教师的专业发展，提升教师的教学效能，由此来提高学校的教学质量。他们探索出了"教得有效，学得愉快，考得满意"的另一种教育模式。

教师专业发展的目的和归宿是提升教学效能，在白斌老师和雷鸣老师的专业发展历程中，他们采取了分析现状、制定目标、选择策略、评价结果和系统反思等目标导向的教师专业发展策略。白斌老师和雷鸣老师这些令人难以忘怀的专业发展历程，真实而客观地记录了他们关注并努力提升教学效能的过程。学生在"百日誓师"活动上的发言引发了白斌老师心灵的触动，使白斌老师认识到每位学生都有其独特的个性和天赋。基于这些认识和他对教学实践的体会，白斌老师逐渐形成了为主动学习而教的教育理念，并把这一理念建立在教师思想深处的服务意识、契约意识、信息意识、自主意识、创新意识和合作意识六个方面的教师意识之上。白斌老师形成了为主动学习而教的教育理念后，他用一系列的行动诠释了为主动学习而教这一教育理念的特征，并以此为基础来建构学习的意义，指导学生学会学习。

师生共同的目标不但是教师教学效能的显著特点，而且对教学效能产生重要的影响。不自信的"优秀学生"使雷鸣老师认识到自主发展已经成为学生发展的内在需求，培养学生自主学习意识逐渐成为他课堂教学的重要任务。于是，在学生"匿名建议"的启发下，雷鸣老师开始了从寻求共同的情感归属、建立内化的行为标准、确立互惠的合作关系、达成双赢的发展目标和实现动态的持续发展等几个方面建立课堂学习共同体，提升教学效能的尝试。

在新课改过程中，白斌老师在筹划教改中遭遇到一系列的尴尬，也由此导致了他"失败的课"和"落后的教学成绩"的出现。随着新课改的深入进行，白斌老师和雷鸣老师开始探寻高效能的教学策略，白斌老师尝试直接教学和探究式教学等教学方法，雷鸣老师尝试开展学法指导，白斌老师实行小组批改作业策略，这些教学策略的探询有效地提升了他们的教学效能。

正如费孝通先生在回答有关"在中国这样广大的国家，个别社区的微型研究能否概括中国国情"时说的那样："如果我们用比较方法将中国农村的各种类型一个一个地描述出来，那么不需要将千千万万个农村一一地加以观察而接近于了解中国所有的农村了。"本书对白斌老师和雷鸣老师教学行为和经验的描述和诠释虽然不会在教师的现实生活中完全复现，但每个读者又都觉得它就在身边，并且是经常发生的，从而让广大教师产生共鸣。我们相信，本书所描述的教师教学效能的几个关键方面，将会给教师在转变教学观念、改进教学方式、优化课堂教学几个方面以启发和借鉴，教师只要都能认识到教学效能的重要性，并且在教学过程中不断地改进与优化，就能形成提升教师教学效能的有效机制。

目 录

第一章 导 论

第一节 研究背景及意义

一、我国的教育现实

新中国成立以来，特别是改革开放以来，我国社会发生了很大的变化，但是由于特殊的国情，我国经济的发展很不平衡，我国农村地区存在着经济发展滞后、人民生活贫困等诸多方面的问题，教育便是其中突出的问题之一。教育水平取决于教育投入，[①] 在教育问题当中，最为关键的是教育投入问题。为了解决我国农村地区的教育投入问题，2001 年 5 月 29 日国务院《关于基础教育改革与发展的决定》提出了"实行在国务院领导下，由地方政府负责、分级管理、以县为主"的新农村基础教育管理体制和财政体制。但是我国县级财政能力与其所担负的责任不相称，[②] 所以从这一体制实施的实际效果来看，"以县为主"的农村基础教育管理体制并不能切实保证农村教育的投入。

西部地区农村经济落后的现实使得教育投入不足问题表现得特别明显。根据《国家"八七"扶贫攻坚计划》的数据，全国需要扶持的 592 个贫困县中，西部就有 366 个，占全国的 61.8%。其中，贫困县数超过 40 个的有 5 个省、区，超过 20 个的有 8 个省、区，云南省则有 73 个。尤其是一些老、少、边、穷山区，群众的温饱问题尚未完全解决，贫困的面还很大。世界银行 2004 年调查显示：在农村绝对贫困人口中，东部地区为 374 万人，中部地区为 931 万人，西部地区为 1 305 万人，绝对贫困人口占各地区农村人口的比重分别为 1.0%，2.8%，5.7%；在低收入人口中，东部地区为 837 万，中部地区为

---

① 孙德梅. 我国教育发展水平与政府各级教育投入关系研究 [J]. 教育科学，2006（2）：1-3.

② 范先佐. 构建"国家办学，分类承担"的农村义务教育财政体制 [J]. 教育发展研究，2004（4）：40-43.

1 744 万，西部地区为 2 396 万，如图 1-1-1 所示，低收入人口占各地区农村人口的比重分别为 2.2%，5.3%，10.5%。

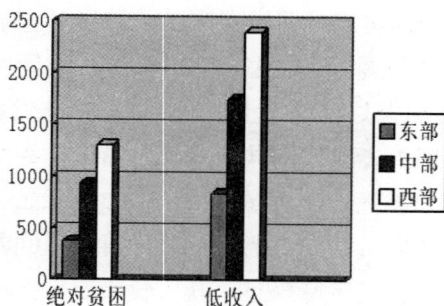

图 1-1-1 绝对贫困与低收入人群的分布

资料来源：《中国农村贫困监测报告》，2004 年版，中国统计出版社

近几年中央财政加大了扶持的力度，但是，即使中央财政逐年加大支持，由于地方财政能力差距很大，全国 31 个省、自治区、直辖市生均预算内教育事业费继续呈现很大差异。2002—2006 年五年间，全国分别有 7、17、19、23、18 个省级区划预算内教育经费占财政支出比例比上年下降。

2008 年中央财政教育投入由 2007 年 1 076 亿元增加到 1 562 亿元，增加 486 亿元，增长 45.2%，但是，对贫困地区来说，薄弱的财政能力仍然无力保障教育的投入，无法从根本上改变农村教育经费投入不足的状况。从表 1-1-1 可以看出，重庆、广西生均预算内事业性经费均低于全国水平。

表 1-1-1　2004 年省市生均预算内事业性经费的标准化值

地区	普通小学		普通初中		高级中学	
	实际水平（元）	标准化值	实际水平（元）	标准化值	实际水平（元）	标准化值
全国	1128.99	0.00	1245.84	0.00	1754.72	0.00
北京	4163.26	5.18	4598.85	4.74	5858.71	3.80
上海	6680.22	9.49	6831.40	7.89	7155.94	5.10
重庆	733.73	-0.68	896.53	-0.49	1210.68	-0.51
广西	912.55	-0.37	943.75	-0.43	1392.05	-0.34

资料来源：《中国教育经费统计年鉴》2005

2004 年，全国尚有 113 个县（区）的小学、142 个县（区）的初中生均预算内公用教育经费为零,这些县(区)85%以上集中在中、西部地区。2004年,初中生均预算内公用教育经费东部地区平均为304元,西部地区为121元,东、西部地区之比2.5∶1。^① 在如此巨大的省际差异下,加上国家正在加快城镇化建设,因此,各个省市内部的各地区之间又出现了巨大的差异,政府加大了对城市重点中学的投入,在招生政策、经费投入、收费标准等方面都大力倾斜,使得农村地区的学校教育经费非常少。

教育投入的严重不足,对农村地区的教育产生了重大影响。农村地区教育投入的不足导致了这些地区的学校办学条件差,农村地区的教育在基础设施、文化生活、教育环境方面存在着很大的问题。国家教育发展研究中心对农村中小学的抽样调查显示,在样本小学、初中,课桌椅残缺不全的分别占37.8%和45.1%,实验教学仪器不全的占59.5%和70.3%,教室或办公室有危房的分别占22.3%和28.8%,教具、纸笔不足的分别占到32.6%和35%。现有农村教育的办学条件只能勉强满足学科教学的基本需要,离全面推进素质教育的要求相距甚远。^② 加上交通不便等其他因素给农村地区的学校带来的不利影响,更加剧了农村地区教育水平的落后。

农村地区落后的教育水平以及其所带来的后果处处彰显着场域的力量。在落后的农村地区教育场域中,大多数农村地区的学校做出了两种选择:其一,完全屈服于场域的制约与形塑作用,服从于办学条件对他们的教学效能的制约,对落后的教育现实默默接受或者无能为力,教师日复一日、年复一年地重复着"昨天的故事",没有对提升学校的教学质量的方法和策略进行研究,长期以来,这些学校只能在落后的基础上更加落后;其二,有一些"不安分"的学校不服从于命运的安排,试图改变他们落后的命运,把教师的吃苦耐劳、刻苦用功等特点"发挥"到极致,把专家给出的专门话语体系全面解构或者束之高阁,对提升学校的教学质量的方法和策略研究较少。教师的"民间教学方式"^③ 更是以"把孩子连同洗澡水一块倒掉"的方式消解了专家的话语,把师生的刻苦和用功等作为取得较高成绩主要的手段,甚至是唯一的手段,教师以平凡、繁忙、普通、单调、重复的方式重复着昨天的故事。几年前人们对县中模式的争论就是这一现象的典型反映,其实质是教师教学效能的论战,是两种不同的代价哪种更有效的论争。虽然县中模式的论战已经告一段落,但是这场论战所引发的思考却远没有结束。

① 刘泽,侯凤云.我国基础教育投入地区差异的量化分析 [J].华东经济管理,2007(9):50-53.

② 苗培周.当前我国农村教育存在的问题及其应对 [J].中国教育学刊,2005(5):1-4.

③ Bruner,J. S. The Culture of Education[M].Cambridge:Harvard University Press,1996:46.

二、开展教师教学效能研究的意义

开展教师教学效能的研究，通过选取具有代表性的调研学校和调研老师，对教学效能的有关因素进行分析，探讨教师教学效能形成机制，在理论和实践方面的意义有如下两点。

（一）探讨提升教育质量的途径

教育质量是教育永恒的主题，世界各先进国家致力于国家和社会发展，莫不以提升教育质量来奠定国家进步的基础。美国国家卓越教育委员会在 1983 年的报告中就提出了卓越教育（excellent education）的理念，强调教育活动应以追求卓越、提升品质为主要目标。任何教育改革的措施都必须落实到学校教学中，显现在师生的行为上，因此，改进教学、提高教学质量、培养高水平的学生，已经成为世界各国的共同呼声。众多研究得出的重要结论是，学校的有效性显然依赖于教学的有效性，[①] 教师是教学过程中的灵魂人物，在教育革新中具有举足轻重的地位，教师在"教学的有效性"中扮演着极为重要的角色。教师的教学效能不但影响教学目标的达成，而且也影响教育的质量，对教育产生着重要的影响。目前，教学效能的研究已经是国外和我国港台地区的热门话题，也取得了较多研究成果。在我国大陆，近几年学界对学校效能和教育效能的研究逐渐增多，[②] 我国大陆的许多学者也开始以宏观的视野来探讨教育效能，还有一些学者从心理学的角度对教师的教学效能感进行了研究。[③] 但是，因为种种原因，我国大陆以教育学的视角探讨教师教学效能的研究甚少，还没有从教育学的视角来研究教师教学效能的期刊文章和硕博论文，因此，教师教学效能的研究就显得非常有意义。

不仅如此，在目前我国大陆课程改革的背景下，开展教师教学效能的研究不但有意义，而且还十分必须和紧迫。我国新一轮基础教育课程改革是不同于传统教育的突变式改革，虽然人们对课程改革的评价褒贬不一，[④] 但是，课程改革给我国教育的发展带来的深刻影响已经成为不争的事实。因此，如何实现

---

① Sammons，P. School effectiveness：coming of age in the twenty-first century[M]. Netherlands：Swets & Zeitlinger Publishers，1999：201.

② 2005 年 9 月在沈阳师范大学召开了"新世纪世界教育效能与学校改进的理论与实践——中国首届国际教育效能与学校改进大会"，孙绵涛等学者取得了许多教育效能的研究成果。

③ 有关学者在教师教学效能感方面的研究详见"导论"的"教师教学效能研究述评"部分。

④ 有关课程改革的争议的文章可参阅王策三在《教育学报》2006 年第 2 期上发表的《关于课程改革"方向"的争议》、蔡闯在 2005 年 3 月 16 日在《光明日报》上发表的《姜伯驹：新课标让数学课失去了什么？》和储召生在 2005 年 6 月 1 日《中国教育报》上发表的《对话义务教育数学新课标》等文章。

课程改革所设定的目标，并由此实现学校的教育目标，是学校所最为关心和重视的问题，而实现这一切的关键就是提高教学质量。在我国长期的教育实践中，县中高考的辉煌在激励着一届又一届农村学生努力学习、不断拼搏的同时，也因其枯燥乏味的教学和学习生活，影响了师生的身心健康，影响了学生的身心发展而备受诟病，甚至有人把它描述为"滴着血的高考成绩"。于是，有人发出呼吁，如果普遍推行"县中模式"，中学教育势必将走进应试升学的死胡同。为了升学考试，为了考上一所理想的学校，本无可厚非，关键是通过什么样的方式和途径去"为了考试和升学"。教育不是短期行为，高考的目的也不是培养学习的机器，学校不能以损害学生的身心健康为代价去片面追求考试的"高成绩"，所以问题的解决必须回到依靠提高教师课堂教学效能来实现促进学生身心发展和提升教学质量的途径上来。

（二）探讨教师教学效能的形成机制

教师教学效能研究大多采取的是双组份策略或者多组份策略来进行的，[①]大多是从教师的素养（包括教师专业发展）、教师的价值观、师生关系、组织氛围等对教师教学效能所产生的影响和教师教学效能的评价等几个方面展开的。实际上，这是人为地划分出了教师教学效能的几个因素，割裂了教师教学效能内部的有机联系，把教师的教学效能理论同教师教学效能的实践作为二元对立来看待，没有把教师教学效能当作一个复杂的密切联系的系统来看待，造成了教师教学效能研究的局限性。

在后文中笔者通过对被调研老师提升教学效能的叙事式研究，描述教学效能形成和提升的实践过程，让读者体会到这些事情是有的，从而产生经验的共鸣，并有所体悟，有所启发，从而影响他们的课堂教学行为，提升课堂教学效能，形成教师自己的教学效能机制。

第二节 研究目标与概念界定

一、研究目标

对人的行为的研究大致有两种方法。一是"内视法"，该观点认为，人自身的思考、感觉和判断的方式决定了其特定的行为方式，因此，应该从人自身的因素入手来理解人的行为，在理解了人的思想和情感之后，其行为自然也就

---

① 郑燕祥.教育范式转变：效能保证 [M].上海：上海教育出版社，2006：215-220.

可以解释了。持这种观点的人往往从思想情感、经历和个体需求方面理解人的行为，并根据人的经历和价值观体系来解释其活动和行为。二是"外视法"，该观点认为，尽管社会结构是人们过去的行动产物，[①]但是"重要的是不能忽视'行动的社会背景'，应该分析社会结构怎样影响和制约（并非决定）人们及学校所追求的目的和采取的行动"。因此，理解人的行为最好是从外部入手，根据外部事件、行为结果和环境影响因素来解释人的行为，考察其外部事件和环境因素等对人的行为的影响。借鉴对人的行为的解释的视角，探讨教师教学效能的形成机制也可以有两种视角，一种是从教师的内部因素出发，就是要弄清教师行为的内在逻辑；另外一种是从教师的外部因素入手来理解教学效能，认为教师行为总是发生在一定的社会环境之中。本书综合运用了这两种研究视角对教师教学效能机制进行研究。这是因为，一方面，教师的教学行为既有教师内部的原因，如教师的思想情感、经历和个体需求等。另一方面，学校是一个社会关系的汇合点，[②]教师就处于这个汇合点的中心，教师的教学行为也有教师外部的学校、社会等方面的因素在起作用。所以，教师的教学行为是内部和外部原因综合作用的结果，对教师教学效能的形成机制的探讨就应该包含教师教学的内部因素和外部因素。

（一）农村地区学校场域与教师教学惯习的作用机理

"场域"（field）和"惯习"（habitus）是布迪厄（Bourdieu）实践社会学的重要组成部分，在布迪厄那里场域有着这样的含义："一个场域可以被定义为在各种位置之间存在的客观关系的一个网络（network）或一个构型（configuration）"。[③]"惯习"指的是一种塑造、组织实践的生成性结构，是一种人们后天所获得的各种生成性图式的系统，是行动者的感情倾向系统，是沟通宏观与微观、结构和个体之间的桥梁。布迪厄认为，我们不但很难将场域和惯习截然地分割，而且场域与惯习之间不是简单的"决定"与"被决定"的关系，而是一种以"实践"为中介的"生成"或"建构"的动态关系。其中，场域与惯习之间的张力使得惯习有了生成的空间。

从教师教学效能的外部因素来看，教师生活于其中的、由各种关系形成的农村地区学校场域，给教师的教学效能带来了一些不利影响。但是，教师的主

---

① 戴维·布莱克莱吉，巴里·亨特.当代教育社会学流派：对教育的社会学解释[M].王波，陈方明，胡萍，译.北京：春秋出版社，1989：357.

② 马和民，高旭平.教育社会学研究[M].上海：上海教育出版社，1998：334.

③ 布迪厄，华康德.实践与反思：反思社会学引导[M].李猛，李康，译.北京：中央编译出版社，2004：13.

动性也并非在农村的学校场域中销声匿迹，而是将农村地区学校场域中的"符号暴力"①进行反思性接受，并将场域中的各种关系和自己的个性特点内化，产生超越场域和个人的教师教学效能生成机制。本书以超越场域与惯习能动与受动相对立的视角，探讨既在教师之外，也在教师之内的农村地区学校场域与教师教学效能生成机制的作用机理。

（二）农村地区学校场域中教师教学效能的生成机制

本书对教学效能的生成机制的探究，主要是通过把教师教学效能置于学校场域中，以实践趋向的、原创性的、教育叙事的研究方法，从被调研教师的专业发展历程、师生共同目标的确定、课堂学习共同体的建设、教学方法策略的生成等几个方面加以分析、归纳、总结，涵盖了国家、社会和学校的要求，把教育理论根植于教学效能提升的实践，依靠教师的教育理念、专业发展和教学技能来取得令社会、学校、学生和家长满意的教学成绩，并生成教师的教学效能机制的心路历程。

二、概念界定

（一）县中模式

1. 县中

人们对于县中模式的争论源自取得高升学率的苏北地区县级中学的高强度作息制度。本书中的"县中"指的是，处于农村地区的县一级行政区域内的中学，因为受地理位置、经济发展水平等因素的影响，和许多城市中的学校相比较，这些县中在生源质量、办学资源和师资水平等方面都处于不利的地位。

2. 县中模式

所谓"县中模式"是指江苏省部分区县的高中采用应试教学的模式取得高考丰收的做法。本书认为，所谓县中模式，就是在生源质量、办学资源和师资水平等方面都处于不利地位的县中，通过创造一个封闭的、刚性的学校应试环境，以拉长教师授课时间为手段，来获得高升学率的教师教学和学校管理模式。并不是所有的县中都存在这样的现象，而且这一现象也并不只是在县中才有，

---

① 布迪厄在《教育、社会和文化的再生产》一书中认为，"从教育行动是由一种专断权力所强加的一种文化专断的意义上说，所有的教育行动客观上都是一种符号暴力"。本书中的"符号暴力"是指学校场域中权力掌握者用他们自己的标准去改造教师的标准，并最终导致教师认同权力掌握者的标准，并主动接受这些标准的现象。

只是这种现象更多地集中在了县级高中。[①] 在这种氛围中，学生每天都在机械地学习，创新能力、观察能力、交际能力、合作能力等根本得不到培养。

3. 县中的另一种模式

本书中"县中的另一种模式"，是指在生源质量、办学资源和师资水平等方面都处于不利地位的县中，以满足教师和学生的情感、态度和价值观的需要为手段来获得高升学率的教师教学和学校管理模式。

（二）效能

目前，学者对效能的定义相当多元，有的学者从组织静态的观点，认为效能即达成组织目标的程度；有的学者从组织动态的观点，认为效能是在特定情况下，组织满足系统的需求；也有学者从组织心态的观点，认为效能是满足组织成员需求的程度；另有学者从组织生态的观点，认为效能指有效的、集体的效应，即人们在有目的、有组织的活动中所表现出来的效率和效果，它反映了所开展活动目标选择的正确性及其实现的程度。

1. 效能的含义

从"效能"的英文来看，目前，可以查阅到的"效能"的英文有三个："effectiveness" "efficacy" 和 "efficiency"（《简明汉英词典》中把"效能"翻译成 efficiency，效率之意，即单位时间完成的工作量）。其中，学术界流行的"效能"的英文有两个，即 "effectiveness" 和 "efficacy"。"effectiveness" 是 "effective" 的名词形式，"effective" 的含义有以下几种。①能产生（预期结果的），有效的。②生效的，起作用的。③给人印象深刻的；显著的；有力的。④实际的，事实上的。⑤实际可使用的，效果不错的。⑥（士兵等）适于服役的；有战斗力的；（人员等）适于工作的。"efficacy" 是"功效""效力""效验"之意。无论把"效能"翻译成 "effectiveness" 还是 "efficacy"，（笔者倾向于把"效能"译成"effectiveness"），其字根都是 "ef-"，其含义是 "out"即"向外"的意思，而不是个人的"预期"，是对别人产生的结果。这在约翰·比格思（John Biggs）的理论中也有同样的解释，他认为"效"的核心观点是"育人"，指向师生的共同发展。[②]

在一些成书较早的中文辞书中尚没有收入"效能"这一词目，"效能"二字连用为一词还是现代的事情。"效"的古汉字写法，如图 1-2-1 所示。从"效能"的中文来看，"效"是形声字，从攴（pū）从交，与《说文》篆文形同。《说

① 卢雁. "县中现象"的再思考 [J]. 上海教育，2005（Z2）：45-47.

② 孔企平. "有效教学"的几个理论问题 [J]. 上海教育科研，2007（2）：33.

文》对"效"的解释是,"象也,从攴,交声"。其中,"攴,小击也。从又,卜声。凡攴之属皆从攴"。徐灏以为像手有所持之形。用为偏旁,表示举手做事之意,① 所以,可以看出"攴"有致力的意思,"效"是形声字,从"攴",所以"效"就是"献出;尽力"(《高级汉语词典》)。"效"系貌切音,校效韵。含义有如下几种。①学也。谓摹仿之也,如效法,效尤。②援也。(礼)效马、效羊者右牵之。③效验也。如明效,成效。

"能"在古代指某种像熊的野兽,也指三足的鳖。《说文·能部》中记载:熊属。足似鹿。从肉,㠯声(徐铉:"㠯非声。疑皆象形。")。能兽坚中,故称贤能;而强壮,称能杰也。凡能之属皆从能。奴登切(néng)。《尔雅·释鱼》也解释说:"鳖三足,能。"可见,"能"指的是强有力的、不同寻常的动物,因此,也逐渐引申为能力、才能、能量等。

"效"的甲骨文   "效"的小篆

图 1-2-1   "效"的古汉字写法

到了现代,"效能"二字连用为一词。《汉语大字典》对"效能"的解释是:①犹效力。贡献才能。《尹文子·大道上》:"庆赏刑罚,君事也;守职效能,臣业也。"晋潘岳《射雉赋》:"郁轩轾以余怒,思长鸣以效能。"唐韩愈《为裴相公让官表》:"实群臣尽节之日,才智效能之时,圣君难逢,重德宜报。"②犹效率。瞿秋白《乱弹·财神还是反财神》:"他们是在'提倡国货',更加有理由叫工人'增加生产效能'。"③犹功效;作用。胡适《易卜生主义》:"法律的效能在于除暴去恶,禁民为非。"李广田《诗与朗诵诗》:"一般的非朗诵诗也必须具备朗诵诗的优点,那就是,它必须强调诗的政治效能。"

由以上分析可以看出,无论对"效"的"献出""尽力"释义,还是对"效能"的"贡献才能"的释义,都注重对别人产生的作用和发挥的影响,而不只是强调是"个体对自己能力的一种主观感受,并通过它控制着人们所处的环境和条件"。

通过以上分析,笔者认为,效能是对别人产生的作用和发挥的影响的行为在多种主客观因素的作用下所达到的理想状态。对效能的理解要注意以下两个

---

① 李恩江,贾玉民.文白对照说文解字译述(全本)[M].郑州:中原农民出版社,2000:278.

方面。首先，功能与效能有所区别。效能（effectiveness）是功能（function）与效果的结合，效能是指事物所发挥出的有利作用，包括由于各种条件限制尚未发挥出的作用，是内隐与外显的统一。功能实际上就是事物的某种特性，当我们对事物本身进行剖析时，我们称之为性质（包括本质的和非本质的）；当该事物与其他事物发生关系并产生作用时，我们称之为功能。效能研究关注特性而不局限于特性，它既指事物所发挥出的有利作用，包括由于各种条件限制尚未发挥出的作用。效能研究要立足于功能的静态研究基础上，着眼于功能的操作过程，分析那些限制条件，解决实际问题，力求提高效能。其次，效能具有正向性。它所指的事物在达到目标方面有优势，或有积极的和有利的作用，即名副其实地体现出它的有效性。效能研究首先要以事物的良性运行状态为理想范式，从理论上构建出一个合理的框架。它研究实践的目的不仅仅在于解决实际问题，还在于力求达到理想的完美状态。这种完美状态并非一成不变的，它只是一定背景条件下的最佳状态，但不可否认它具有相对的稳定性。因此，在效能研究中，衡量现实状态的标准是一定历史时期内的最高目标和全局目标。

2. 效能、效率与绩效

效能（effectiveness）与效率（efficiency）两者由于文字上的近似性，常被学者做比较。巴纳德认为，[①] 效能的（effective）与效率的（efficient）两者有所区别：达成特定的目标，则称之为有效能；行为的结果能够满足个人的动机，则称之为有效率。希特（Hitt）等人认为，[②] 效能是指组织在一段时间内有效达成目标的程度，效率是指在短期内组织善用其资源的程度。组织行为学家罗宾斯（Robbins）指出，效能是目标的达成，而效率是为达到目标的投入与实际产出之比值。绩效是比效能的意义更为明确的名词，它是指个人、团体或组织执行工作与任务的实际表现。效能、效率与绩效的比较，如表 1-2-1 所示。

---

① Barnard，C. I. The Functions of Executive[M]. Cambridge：Harvard University Press，1982：26.

② Hitt，M. A.，Middlemist，R. D. & Mathis，R. L. MANAGEMENT：CONCEPTS AND EFFECTIVE PRACTICE[M]. Second Edition. Saint Paul：West Publishing Company，1986：35.

表 1-2-1 效能、效率与绩效之比较

项目	效能	效率	绩效
字义	一定的行为在多种主客观因素作用下所达到的理想状态	效率乃是一个系统输出与输入的比值	绩效指执行某些工作的成绩或表现
着重点	兼顾目标的达成与心理需求的满足	资源的有效运用	个人、部门与组织层次执行任务结果的考评
含义	无法由具体事件直接诠释	含义非常明确	含义较效能明确
衡量指标	生产力 适应力 统整力 创造力 满足感 革新与发展	"产出"对"投入"的比值 "实际结果"对"可能结果"的比值 "表现""能力"的比值 "获利""成本"的比值 有效运用资源的程度	个人层次：工作表现、目标达成、工作满足 团体层次：士气、凝聚力、生产力、工作效率 组织层次：目标达成、工作效率、适应力
衡量焦点	"质""量"并重"结果""过程"并重 达成目标的程度，成员的满意度和组织的统整度	重"量"轻"质"重"结果"而轻"过程" 强调产出与投入的比值，而忽略了达成目标的程度	"质""量"并重，强调"结果" 强调绩效目标的达成程度，而忽略过程中成员的需求和感受
高低区别	效能并非全有或全无的问题，而是多寡的问题。若投入愈多，相对地产出质量愈高，则为有效能。在达成目标的过程中，同时也满足心理需求，则可称为有效能	输出增加，则效率提高；若输入不变，输出减少，则效率降低；若输入减少，输出不变，则效率提高；若输入减少，输出亦减少，则效率降低。资源的浪费与效率成反比	绩效是执行工作的实际表现，因此，绩效也并非全有或全无的问题，而是实际表现与目标差距的大小。实际表现与目标的差距越大，则绩效越低；实际表现与目标的差距越小，则绩效越高

　　本书采用弗莱蒙特（Fremont）和詹姆斯（James）的说法，[①]认为效能是指工作达成预期结果或预期影响的程度，效率指的是产出与投入的比率即收益与成本的比率。效率是一个相对的量的概念，它只能反映行为完成的快慢，而

---

① 弗莱蒙特·E.卡斯特，詹姆斯·E.罗森茨韦克.组织与管理：系统方法与权变方法[M].傅严，李柱流，译.北京：中国社会科学出版社，2000：283.

不能反映行为完成的质量。它仅仅是效能的一种体现形式。效能是一定的行为在多种主客观因素的作用下所达到的理想状态。效率反映的是一种局部状态，而效能反映的是一种总体状态，效率与效能二者相辅相成，效能统率、制约效率，而效率服从、服务于效能，能使效能锦上添花。

（三）教学效能

对这一概念的分析从教学效能的含义和教学效能与有效教学的区别入手。

1. 教学效能的含义

虽然不同学者对"教学效能"的含义有不同的理解，但是，归纳起来主要有以下三种观点。

①教师效能感的观点。许多学者根据班杜拉（Bandura）的自我效能理论及罗特（Julian）的内外控信念理论，将教师教学效能看作教师对于成为一位有效能教师、进行有效教学的一种知觉或信念。卡弗斯（Cavers）就认为，[1]教师教学效能是指教师对于他们有能力影响学生表现的信念。苏达克（Soodak）和波岱尔（Podell）虽然将教师教学效能分为个人教学效能、结果效能、教学效能等三个层面，但是，最终还是把教学效能界定为"教师认为外在的因素会对学生的学习产生影响的信念"。[2]迪汉姆（Denham）和迈克尔（Michael）将认知与情感当作教师教学效能的中介变量。[3]吉布森（Gibson）和丹宝（Dembo）虽然将教师教学效能分为个人教学效能与一般教学效能，但是他们认为教师教学效能是指教师在外界环境因素限制下，对于自己能够正向影响学生学习的一种信念。[4]胡佛 - 登普西（Hoover-Dempsey）等人把教师教学效能分为教学的信念、能力的信念和专业知识的信念三个层面。[5]古斯凯（Guskey）从教师对促使学习困难学生的能力提升的角度界定了教师教学效能。[6]艾什顿（Ashton）和韦布（Webb）认为教师教学效能的内涵包括一般教学自我效能和个人教学自

① Cavers, L.Teacher efficacy: Its relationship to school level organizational conditions and teacher demographic characteristics[J]. Dissertation Abstracts International, 1989（49）：3563A.

② Soodak, L.C.&Podell, D.M. Teacher efficacy: toward the understanding of a multifaceted construct[J]. Teaching and Teacher Education, 1996, 12（4）：401-411.

③ Denham, C.H.&Michael, J.J. Teacher sense of efficacy: A definition of the construct and a model for further research[J].Education research Quarterly, 1981, 6（1）：39-63.

④ Gibson, S.&Dembo, M.H. Teacher efficacy: A Construct validation[J].Journal of Educational Psychology, 1984, 76（4）：569-582.

⑤ Hoover-Dempsey, K.V., Bassler, O.C.&Brissie, J.S. Parent involvement: Contribution of teacher efficacy, school socioeconomic status and other school characteristics[J].American Educational Research Journal, 1994, 24（3）：569-582.

⑥ Guskey, T.R.&Passaro, P.D. Teacher Efficacy: A study of construct dimensions[J].American Educational Research Journal, 1986, 31（3）：627-643.

我效能，是教师对自己能完成其教学责任的自信力。

②教师有效教学的观点。有些学者以教学过程为重心，探讨如何增进教师的有效教学，把教师教学效能看作增进教师教学过程中的效能。研究内容涉及教学计划、教材内容呈现、多元的教学策略、多向度的教学评价、营造良好的学习气氛以及师生互动等层面，整个教学过程都是教师教学效能的研究范畴。梅德利（Medley）把"拥有令人满意的人格特质、能有效使用教学方法、能营造良好的班级气氛、能做专业的决定及适时应用教学能力"作为有效能教师须具备的要素。瑞安斯（Ryans）和菲利浦斯（Phillips）认为，有效教学应该包括"时间策略、教学策略、评价方式及管理活动"四个层面。基里亚库（Kyriacou）从内容、过程和结果等方面来探讨有效教学的基本架构。曼内兹（Moneys）从有效传授教材知识、有效进行师生沟通、良好的教材组织能力、激励学习动机的能力、善的态度和教室管理的技巧等几个方面研究了教师增进教学效能的途径。

③教学效能的综合观点。有学者以教师效能感及有效教学的系统观点来解释教学效能。持该观点的学者认为，教师的教学行为和表现取决于教师以教师效能感为核心的信念，但是，仅有良好的教学信念是不够的，教师教学过程中的有效能同样重要。迪汉姆（Denham）和迈克尔（Michael）依据社会学习理论的观点将教师效能界定为由认知及情绪成分所组成的一种中介变量，并认为如果教师具有较好的自我效能，再提升教学过程的有效教学，会具有较佳的教学效能，也较能提升学生的学习成效。[①]

从教师教学效能的各种观点的分析中，我们可以看出，教师教学效能的研究占主导地位的是个人的"预期"，是个体对自己能力的一种主观感受，是向内的自我效能的观点。这从班杜拉的《自我效能：控制的实施》（Self-Efficacy: The Exercise of Control）一书中就可以看得出："自我效能与理论中的其他因素一起共同调控人的思想、动机和行为""并通过它控制着人们所处的环境和条件"。[②]

综合上面对"效能"一词所做的词源学分析和对不同学者对教师教学效能的含义理解的分析，本书认为，教师教学效能指的是教师在满足教师和学生的情感、态度和价值观需要的基础上来进行的高质量教学。其中最主要的方面就是教师相信并拥有足够的能力影响学生的学习，教师在教学过程中，采用恰当

---

① Denham, C.H.&Michael, J.J. Teacher sense of efficacy: A definition of the construct and a model for further research[J].Education research Quarterly, 1981, 6（1）: 39-63.

② 班杜拉.自我效能：控制的实施[M].缪小春，李凌，井世洁，等译.上海：华东师范大学出版社，2003：34.

的方法和策略，能够在满足学生身心发展需要的基础上，使学生取得优异的学习成绩。

2. 教学效能与有效教学

"有效教学"起源于20世纪上半叶受美国实用主义哲学和行为主义心理学影响的教学科学化运动。这个概念最初是美国教育界对教学的"科学"属性强烈追求与认同的产物，带有明显的工业化社会的"求效"特征。20世纪以前，在西方占主导地位的理论观点是"教学是艺术"。20世纪上半叶，受美国实用主义哲学和行为科学的影响，在西方出现了教学科学化运动。人们认为，教学也是科学，也可以用科学的方法来研究。于是，人们开始关注教学的哲学、心理学、社会学的理论基础，以及如何用观察、实验等科学的方法来研究教学问题，在这样的背景下有效教学就被提了出来，它的核心是"什么样的教学是有效的"。相关学者就开始研究引导教师教学行为、评价教师教学效果的标准，研究教师教学的策略。从理论上讲，任何教学活动都要实现一定的教学目标，当然有效教学就离不开学生的学习。正如梅德利（Medley）所认为的那样，从教的角度研究教师教学有效性的历史反映了研究者对教师有效性的认识的逐渐深化过程，并因此决定着研究所侧重的内容以及所取得的研究结果。"有效教学主要关心某种教学活动怎样促成了理想的学生学习。"有效教学主要关注的是教师的教，主要关注教师在教学情境中，利用教学的原理原则，达到预定教学目标的种种行为。

虽然有效教学的研究始于我国"教师教得很辛苦，学生学得很痛苦，但学生却没有得到应有的发展，存在着教学效益低、差的问题"。但是，有效教学研究似乎越来越脱离对解决实践问题的具体思考与有效探索，越来越热衷于理论知识的逻辑推导与研究目标的抽象拔高，至于它是让教师和学生变得"轻松、愉快"，还是更加"辛苦、痛苦"，很多研究者似乎不太在意了——至少从近来的文章中看到的越来越少了。[①]

教学效能和有效教学在很多方面有许多共同和共通的方面，也曾经有学者视教师教学效能为有效教学的历程。但是，本书认为，教学效能和有效教学的差异是显而易见的。从结构上看，这两个词组都是偏正词组，教学效能的重心是效能，而有效教学的重心在教学，虽然看起来只是重心的转变，但是，二者的差异相当大。教学效能注重满足个体和社会对学校教育的特定需求，注重教学的社会性，体现个体的主体价值，是在有效教学的基础上前进的一步，但是

① 乔建中，陶丽萍，张丽敏，等.我国有效教学研究的现状与问题[J].江苏教育研究，2008（2）：30-34.

却是教学社会化、人性化的一次飞跃。教学效能和有效教学的区别主要体现在以下三个方面。

①教学目标。有效教学和教学效能最大的区别在于目标方面。有效教学有两个基本的假定：其一，教学是程式化的；其二，目标具有确定性。教学效能也有两个基本的假定：其一，教学是开放的；其二，目标具有导向性。更为重要的是，有效教学的目标是教师教学技能的提高，尽管有效教学也在关注知识、技能和情感三个领域，但是，因为有效教学的目标是追求教师教学技能的提高，在这其中就有反复联系、训练方面的内容，使得教师在教学过程中"熟能生巧"，进而转变成了"熟能生厌"。教学效能有师生共同追求的目标，也就是在促进学生的发展和进步的基础上，取得高成绩。师生对共同目标的理解与把握越好，教学效能就会越高。如果一个教师的教学背离了师生共同的目标，那么他的教学效能就会大打折扣。虽然教学效能也把教学技能看作非常重要的方面，但是，它把促进学生情感、态度和价值观的发展和教师教学技能的提高看得同样重要。

②教学设计。有效教学的教学是"静态设计"，其教学设计倾向于静态的计划性的教案，教学设计也是教师一步步精心设计好的，最为明显的是有预设的教学目标和预设的教学过程。因此，有效教学视野下的课堂教学大多处于教导模式和行为矫正模式中，侧重教学过程的公式化，导致了课堂教学的程式化和模式化。教学效能的教学是"动态生成"，其教学设计倾向于教学过程的监控，重在落实上课、备课、作业批改、考试等教学过程主要环节的监控，把教学视为全面的、动态的、非线性的师生互动过程。在教学互动的过程中实现知识与技能，过程与方法，情感、态度、价值观的有机整合，追求学生思维的参与，而不只是学生肢体的参与、行为的参与。

③教学互动。有效教学的教学目标使得有效教学的教师和学生的互动是单向的，即教师→学生。在新课改的场域中，有的教师为了追求教学的合作、探究等教学技能，改变了原来以"满堂灌"为主的讲授模式，让学生进行合作和探究，于是，"满堂灌"消失，代之的是"满堂问"，甚至是"满堂跑"，这实际上造成了教师课堂教学的低效，甚至是无效。于是教师和家长不得不靠占用课外时间来弥补课堂教学的不足，造成了教学的恶性循环，结果离有效教学的初衷越来越远。教学效能是通过满足教师和学生情感、态度和价值观需要来实现高成绩，因此，教师注重教师教学和学生学习的过程、经历和体验，而要做到这些就必须注重师生在互动过程中的情感、态度和价值观发生的过程、经历和体验，激发师生的动机和热情，一般不会去刻意地追求教学的形式，而

是注重教学的实效性，从而以教师教得轻松，学生学得愉快来实现课堂教学的高效。

我们当然不能因此而绝对否定静态计划的必要性，因为，课堂教学总是由"静态设计"和"动态生成"这两类相互矛盾的方面交织而成的。在这里我们想要强调的是，课堂教学是在非常复杂的群体的和个体的发展活动中进行的，其中必然充满种种动态的、变化生成的因素，因此，课堂教学过程中经常会生出一些意料之外的且有意义的新事物、新情况、新思维或新方法。尤其是教师和学生身上蕴藏着巨大的发展潜能，他们有自己的人格特征，有自己的认知方式，有自己的选择能力，因此，教学效能所强调的"动态生成"在调整预先的教学设计，挖掘学生潜能，展现学生个性，从而达成师生共同目标方面具有重要的意义。

第三节　教师教学效能研究述评

教师教学效能的研究在国外最早可追溯到黑德（Heider）和怀特（White）的早期研究，1905 年，梅里安（Merriam）以"一般学校教育与有效能教学的研究"为主题，开创了以教学为研究主题的新时代，20 世纪 30 年代至 60 年代，教师教学效能研究在美国得到了长足发展。研究的内容也从开始时的在较小范围内探讨教材教法为主，发展到后来的探讨教师教学行为与教师效能的关系、教师教学效能的结构、教学中的教师与学生互动等研究领域。

近几年，我国有一些学者从心理学的角度对教师的教学效能感进行了研究。洪秀敏和庞丽娟对教师自我效能感的内涵和结构进行了探讨，指出教师自我效能感具有主观特征、内隐特征、情境性和非一致性等特征。[1]俞国良、辛涛和申继亮采用教师教学效能量表对 382 名中学教师及其相应的在校大学生进行了测查，[2]对教学效能感和教师教学效果进行了研究，并研究了可能影响教师教学效能感的因素。辛涛、申继亮和林崇德还对教师自我效能感与学校因素关系进行了研究。[3]李韧用量表测量了教师教学效能感，探讨了高校教师教学效能感与教学效果的影响因素、发展趋势以及两者之间的关系。[4]花蓉研究了国外教师教学效能感的理论来源，教师教学效能感的作用、影响因素以及培养和提

① 洪秀敏，庞丽娟.论教师自我效能感的本质、结构与特征 [J].教育科学，2006（4）：44-46.

② 俞国良，辛涛，申继亮.教师教学效能感：结构与影响因素的研究 [J].心理学报，1995（2）：8.

③ 辛涛，申继亮，林崇德.教师自我效能感与学校因素关系的研究 [J].教育研究，1994（10）：16-20.

④ 李韧.高校教师教学效能感与教学效果研究 [J].科技信息，2006（S5）：132-133.

高教师教学效能感的方法和途径。[1] 总之，在我国的教师教学效能研究中，鲜有从教育学的视角探讨教学效能的论著。

笔者把国外有关教师教学效能的研究一一梳理，尝试性地提供一个教师教学效能研究的基本轮廓。

一、国外已有的教师教学效能研究

（一）教师教学效能研究的发展历程

关于教师教学效能发展阶段的划分，不同学者持不同的观点，埃弗森（Evertson）和格林（Green）将教学效能研究的发展过程大致分为四个阶段，目前比较流行的是鲍里奇（Borich）的"六阶段说"。鲍里奇在比较分析教师教学效能的理论和哲学观点后，依时间的先后，将教师教学效能研究的发展分为六个发展阶段。

1. "过程—先前经验"阶段

1930—1960 年，赖特斯顿（Wrightstone）和比彻（Beecher）等人采用观察法，用整体的观点，从逸事的角度来观察教师的教学行为、评估教师在教学过程中的表现，给教师教学提供反馈。该阶段的研究通过教学过程的实施，将错综复杂的教师和学生行为具体化，服从、彻底、灵活的教学行为以及严守教室的规矩等行为模式被严格加以衡量，以支持认知和情感对于实现有组织的和有结构的教学的必要性。如表 1-3-1 所示。

表 1-3-1　"过程—先前经验"阶段教学效能研究

项目	内容
时间	1930—1960 年
目的	评估教师表现，以提供回馈和保留之用
代表人物	赖特斯顿和比彻
测量	出现或未出现一些经过挑选的行为，从以往经验的描述和诠释来挑选
行为实例	表现出没有特别喜爱的人；精熟教材内容、能答复学生的问题；维持良好的班级纪律；有个人魅力；穿着整齐；考虑周到；表现领导才能
优点	使用具有广泛共享意义的语言来代表教师行为
缺点	行为的选择是主观的，有时不合理论，缺乏训练手册，很少或没有尝试训练观察员；行为经常是多因子复合体构成了含有两个或更多观点的单一行为；行为被视为好老师的现象，却未见到对学生具体学习结果的意义

---

[1]　花蓉.教师教学效能感研究综述 [J]. 江西教育科研，2006（7）：14-16.

资料来源："Paradigms of teacher effectiveness research: Their relationship to the concept of effective teaching.（P146）." by G. D. Borich, 1986, Education and Urban Society, 18（2）.

2. "过程—系统"阶段

1955—1965 年，瑞安斯（Ryans）等人开展教师的行为与学生的行为之间的关系的研究，描述教与学的过程，对教师和学生的行为进行系统的观察和评价。虽然该阶段的研究和过程—先前经验范式一样仅有描述性的讨论，缺乏学生成就的测量，但是该阶段的研究加大了研究的数量，指出了广泛而不是特殊学生研究结果的方向，为有系统的行为观察提供了一个重要的模式，瑞安斯的研究后来得到大量使用。如表 1-3-2 所示。

表 1-3-2 "过程—系统"阶段教学效能研究

项目	内容
时间	1955—1965 年
目的	通常描述教师像什么及用什么行为教学
代表人物	瑞安斯
测量	采用 3 至 9 个选择式反应项目来评估等级，属于一般性、高度推论性评估
行为实例	教师方面：机警的、弹性的、愉快的、有幽默感的、友善的、有效率的
	学生方面：无精打采的、厌烦的、粗鲁的、羞怯的、勉强的、恐惧的
优点	行为的观察通常是建立在先前系统调查的基础上；行为的程度不仅是测量其出现或未出现；尝试使用书面训练手册来进行标准化观察，并且训练观察员，以便达到信赖水平
缺点	所测量的行为与学生的认知成就测验无关，只是测量一般的教室行为；某些行为与人格特质关系密切，甚于教学技巧或能力

资料来源："Paradigms of teacher effectiveness research: Their relationship to the concept of effective teaching.（P148）" by G. D. Borich, 1986, Education and Urban Society, 18（2）.

3. "过程—结果"阶段

随着 20 世纪 60 年代的责任和能力本位运动的开展，布罗菲（Brophy）和古德（Good）等人自 1965 年至 1980 年利用 Brophy-Good Diadic 互动分析系统，通过低推论的使用，把教师和学生的行为分成较小的、可操作化的 160 多个行为领域进行系统的观察和测量，在改进教师和学生行为方面提出了许多有效的建议。虽然人们认为标准化的测验所测量出的学生结果和教师行为意图并不相配，但是，这些研究能更深入地探讨教师行为与学生成就间的因果关系，比瑞安斯"过程—系统"阶段所做的研究更进一步。如表 1-3-3 所示。

表 1-3-3 "过程—结果"阶段教学效能研究

项目	内容
时间	1965—1980 年
目的	认定教师行为与学生成就间的相关
代表人物	布罗菲和古德等
测量	利用 10~160 种不同行为范畴进行低推论教室观察，利用标准化学生成就测验来测量结果
行为实例	称赞学生；使用学生的构想；演讲；提供回馈；问问题
优点	行为是分离的和独立的；所做的测量比以前更正确；有识别手册和训练手册，观察者可以被训练为具有高度的可信度；行为强调与学生的互动以及教师行为与学生成就间的联系
缺点	行为的建构效度不容许整个研究结果的聚集。有些相同的行为却有不同的操作型定义；从一些发现类化到大量的观察或观察员是有必要的；学生行为的测量经常使用一般的（常模参照）学生成就测验，排除了教师行为与学生结果的密切关联

4. "实验性"阶段

自 1972 年至今，盖奇（Gage）等人通过控制实验变量研究教师训练程序与教师行为的因果关系，以及由此所产生的与学生学习成就之间的因果关系。该阶段研究最大的弱点是，严密的方法论缺乏和真实实验的一致，仅存在于所控制环境中的行为，很难类化到真实的教室情景，并且实际使用者所关心的是教师训练的实质性效果。[1] 如表 1-3-4 所示。

---

[1] Borich, G. D. Paradigms of teacher effectiveness research: Their relationship to the concept of effective teaching[J].Education and Urban Society, 1986, 18（2）：143-167.

表 1-3-4 "实验性"阶段教学效能研究

项目	内容
时间	1972 年至今
目的	（1）探讨所选择的教师行为与学生结果的因果关系；（2）探讨所选择的教师行为与训练技巧(如微型教学、微型咨询、教师回馈)间的因果关系
代表人物	盖奇等
测量	利用 10～30 种不同行为范畴进行低推论教室观察，并且在目的（1）的情形中也使用学生成就标准参照测验
行为实例	由过程—结果研究中，选择欲测量的行为，但是须有更明确的操作型定义
优点	因果推论可提供教师训练之参考，所做研究是较小型的，更有严谨性，因此比过程—结果研究更易解释；在目的（1）的情况下，所使用的标准参照测验比过程—结果研究更能测出教师行为与学生结果间的关系
缺点	缺乏对效度的内在影响的控制（例如，利用全班学生和不等的控制组）

资料来源："Paradigms of teacher effectiveness research: Their relationship to the concept of effective teaching.（P155）" by G. D. Borich, 1986, Education and Urban Society, 18（2）.

5. "教师过程—学生过程"阶段

古德（Good）、贝克曼（Beckerman）和斯托林斯（Stallings）等人自1978 年开始通过观察学生的脸部表情、眼神接触和身体姿势等行为来测量学生是否主动学习，并探讨教师教学行为与学生花在学习上的时间之间的关系。但是，这一阶段的研究有一个问题就是观察者所观察到的行为总是推测的学生的认知活动，很难说明学生真实的内心世界。如表 1-3-5 所示。

表 1-3-5 "教师过程—学生过程"阶段教学效能研究

项目	内容
时间	1978 年至今
目的	研究和最终控制教师的活动过程，此过程与学生行为过程有密切的关系
代表人物	古德、贝克曼、斯托林斯等
测量	对教师和学生进行低推论教室观察，使用班级座位表追踪个别学生的行为过程
行为实例	上课时间（在上课位置全神贯注的时间），时间花费在注意教师；不从事学习的时间（学生正在进行有适当难度的有关学习工作的时间）
优点	提供方法来改善班级实务、课程材料及教师行为方式，促进学生学习过程的参与
缺点	经常使用间接方式（学生看窗外）测量学习行为表现，它可能和认知功能无关，特别是高层次认知功能；有些研究难以测量花费在一个适当难度的有关学习工作的时间，也很少提供学生为什么参与或不参与的线索

资料来源："Paradigms of teacher effectiveness research: Their relationship to the concept of effective teaching.（P159）" by G. D. Borich，1986，Education and Urban Society，18（2）.

6. "教师过程—学生过程—学生结果"阶段

自 1978 年开始，费希尔（Fisher）等人结合"教师过程—学生过程"阶段与"过程—结果"阶段的研究，探讨教师行为过程、学生行为过程与学生学习结果的关系，改进教师的教学行为和学生的学习过程，以达到提高学生学业成绩的目的。因为这一研究是通过教师观察学生的反应，使用调节行为，从而控制学习的心理，调节学生的学习行为，所以这一研究又被称为"调节—过程"范式。如表 1-3-6 所示。

表 1-3-6 "教师过程—学生过程—学生结果"阶段教学效能研究

项目	内容
时间	1978 年至今
目的	研究教师过程、学生过程和学生结果作为紧密联系的教 - 学系统的一部分
代表人物	费希尔等
测量	和"教师过程—学生过程"研究相同，但是增加学生结果常模参照测验或标准参照测验

项目	内容
行为实例	和"教师过程—学生过程"研究及"过程—结果"研究相同
优点	在学生的学习结果上，定出一个经验性的标准
缺点	研究认为是可观察的，但是间接指出学生的参与是认知过程的原因，转而引起学生的学习

资料来源："Paradigms of teacher effectiveness research：Their relationship to the concept of effective teaching.（P160）" by G. D. Borich，1986，Education and Urban Society，18（2）.

（二）教师教学效能的理论范式

教师的教学行为是在不确定的情境中发生的，影响教学效能的因素有很多，学校情境、班级状况、课程实施、教材教法，以及教师及学生的性格特点、行为方式、能力差异、情感、态度和价值观等都会成为影响教学效能的因素。虽然影响教学效能的因素有很多，但是学者在研究时，通常会采用某些固定的研究方式，以概念架构来确立教学效能研究的变量，也因此形成了教学效能研究的理论范式。

1. 教师自我效能研究的理论范式

①迪汉姆和迈克尔的教师自我效能研究范式。迪汉姆（Denham）和迈克尔（Michael）以班杜拉的自我效能理论为基础，将教师自我效能的研究变量区分为先在条件、教师效能感和可评量的后果三项，并在此基础上提出了教师自我效能的研究范式。[①]

②克拉克和彼得逊的教师自我效能研究范式。克拉克（Clark）和彼得逊（Peterson）发展了包含教师的思考过程、教师行动及可观察到的影响等教师思维和行动层面的教师自我效能的研究范式。[②]

③艾什顿和韦布的教师自我效能研究范式。以班杜拉的社会学习理论为基础，艾什顿（Ashton）和韦布（Webb）提出了包括自我效能知觉的一般性信念、一般教学效能感和个人教学效能感的教师自我效能多层面研究范式。[③] 在经过系统的教师自我效能相关问题的研究之后，艾什顿和韦布又提出了包含教师自

---

① Denham，C. H.& Michael，J. J. Teacher sense of efficacy: a definition of the construct and a model for further research[J].Education research Quarterly，1981，6（1）：39–63.

② Clark，C. M. & Peterson，P. L. Teachers' thought processes. In M. C. Wittrock（Ed.），Hand book of research on teaching[M].New York：Macmillan，1986：257.

③ Ashton P. T. & Webb，R. B. Making a difference：Teacher's sense of efficacy and student achievement[M]. New York：Longman，1986：5.

我效能、学生学习结果、教师行为、学生自我效能和学生行为五个层面的教师自我效能与学生学习结果关系的研究范式。

2. 教师有效教学研究的理论范式

①邓金和比德尔的教学效能研究范式。邓金（Dunkin）和比德尔（Biddle）所提出的教学效能研究范式包含四种变量：与教师因素相关的背景变量（presage variable）、与学生、学校、社区相关的情境变量（context variable）、与学生互动行为相关的过程变量（process variable）、与教师的教学行为对学生学习结果所产生影响相关的结果变量（product variable）。①

②基里亚库的教学效能研究范式。在对邓金和比德尔的教学效能研究范式进行修改后，基里亚库（Kyriacou）形成了包括内容变量、过程变量及结果变量三个变量的教学效能研究范式。其中，内容变量包括教师、学生、班级、学校、时间等因素，过程变量包括教师和学生的知觉、策略和行为以及学习工作及活动等因素，结果变量包括认知及情感的教育结果。②

③舒尔曼的教学效能研究范式。舒尔曼（Shulman）在批评邓金和比德尔在1974年所提出教学效能研究范式的基础上，提出了涵盖教学效能的研究对象、师生能力和行动及思想、研究观点、课程与教材、活动内容、情境因素以及各因素之间的关系等领域的更广泛更详细的教学效能研究范式。③

④梅德利的教学效能研究范式。针对"过程—结果"研究的缺失，梅德利（Medley）根据学生的学习结果评价教学效能，将教学研究变量分为学生学习结果、学生学习活动、师生互动、教学活动前教师行为、教师能力、教师先在特质、学生特质、内在情境、外在情境和师资训练十个变量，其中后面九个变量属于影响教师教学效能的因素。④

（三）教师教学效能的测量

教师教学效能的测量大多采用格特曼量表法和李克特总加量表法，又以采用李克特量表自制教师教学效能量表为研究工具者居多。下面是几种主要的教师教学效能的测量量表。

① Dunkin, M. J. & Biddle, B. J. The study of teaching[M]. New York: Holt Rinehart &Winston, 1974: 116.

② Kyriacou, C. Effective teaching in schools[M]. Oxford: Basil Blackwell Ltd., 1989: 26.

③ Shulman, L. S. Paradigms and research programs in the study of teaching: A Comtemporary Perspective. In M. C. Wittrock（Ed.）, Handbook of Research on Teaching（3rd ed.）[M]. New York: Macmillan, 1986: 9.

④ Medley, D. M. Evolution of research on teaching. In M. J. Dunkin（Ed.）, The international encyclopedia of teaching and teacher education[M]. Oxford: Pergamon, 1987: 105-113.

1. 蓝德公司的测量量表

20 世纪 70 年代，美国蓝德公司（Rand Corporation）推行了两项评估报告，一项是洛杉矶学区董事会所推行的《学校阅读优先方案》（school preferred reading program），另一项是在美国教育总署的赞助下所进行的《变迁动因研究》（change agency study）报告。美国蓝德公司针对中小学的教育评价中，以罗特的期望理论和班杜拉的自我效能理论为基础，[①] 采用两题五点量表测量教师的效能，早期研究教师自我效能多用此工具，但因其题目太少，必须配合其他测量工具使用，很少单独使用。但是随着研究者对教师效能测量工具的不断开发，蓝德公司的测量量表成了教师教学效能研究的基础。如表 1-3-7 所示。

表 1-3-7　蓝德公司评价教师效能的工具

组别	教师对教学的认识
Rand1	对于动机与表现低落的学生，教师并无法让他们有太多的改变，因为这种情形大多受到其家庭背景的影响
Rand2	如果我愿意努力尝试，一定可以使没动机或有困难的学生有所改善

2. 古斯基的"学生成就责任量表"

为了测量教师对影响学生学习成败所能掌握的信念，古斯基（Guskey）编制了"学生成就责任量表"（The Responsibility for Student Achievement Questionnaire，简称 RSA），[②] 该量表是由 30 道题目组成的两个分量表，其中一个分量表有 15 个题目，用以测量教师成功时的自我效能，另一个分量表则测量失败时的教师的自我效能。

3. 艾什顿等人的测量量表

艾什顿（Ashton）等人认为，教师效能的测量必须包含个人效能、教学效能及个人教学效能三个层面。据此，艾什顿等人于 1983 年从教学效能与一般教学效能两个向度发展了教师效能测量量表。

4. 吉布森和丹宝的测量量表

吉布森（Gibson）和丹宝（Dembo）于 1984 年采用李克特六点量表，[③] 以

---

① Bandura. A Self-efficacy: Toward a unifying theory of behavioral change[J]. Psychlolgical Review, 1977, 84（2）: 191-215.

② Guskey, T. R. Teacher efficacy, selfconcept and attitudes toward the implementation of instructional innovation[J]. Teaching and Teacher Education, 1988, 4（1）: 63-69.

③ Guskey, T. R. Measurement of the responsibility teachers assume for academic successes and failure in classroom[J]. Journal of Teacher Education, 1981, 32（3）: 52-64.

教学效能、个人效能及个人教学效能三个向度共 30 道题目来测量教师的自我效能,开发出教学自我效能量表(Teacher Efficacy Scale)。此量表经过因素分析、多重特质——多重分析方法,及班级观察三个步骤进行考验,获得肯定,目前许多研究者喜欢采用此量表研究教师效能。[①]

5. 比瑞和肖的测量量表

为了诊断教师效能,比瑞(Burry)和肖(Shaw)采用李克特式五点量表计分,编制了"自我专业量表"(Inventory of Myself as Professional,简称 IMP)作为测量教师效能感的工具。其内容包括专业技巧、师生关系、专业态度三个分量表,共有 36 题,自我报告形式和观察形式成为这一形成性量表的最大特色。

6. 巴费尔德和柏林格姆的测量量表

巴费尔德(Barfield)和柏林格姆(Burlingame)认为,教师教学效能是教师对环境的控制感,自觉有效能者控制感较高。[②] 他们编制了评价教师效能感的工具——教师效能量表(The Teacher Efficacy Scale),来探讨教师效能感与学生管理理念的关系。如表 1-3-8 所示。

表 1-3-8 教师教学效能的研究方法、工具、样本和研究结果 [③]

研究者 (年代)	研究方法、工具、样本	研究结果(主要发现)
Showers(1980)	调查研究法、观察法。中学教师	1. 教师教学效能高低与参与行政有关,实际观察时无显著差异 2. 组织特征会影响教师效能感
Trentham Silvern and Brogdon(1985)	问卷法。教师效量表。教师 155 人	1. 教师效能感与学校对教师的评价有关 2. 教师效能感能区别高低能力的教师

① Gibson, S. & Dembo, M. H. Teacher efficacy: A construct validation[J]. Journal of Educational Psychology, 1984, 76(4): 569-582.

② Barfield, V. & Burlingame, M. The pupil control ideology teacher in selected schools[J]. The Journal of Experimental Education, 1977, 42(4): 6-11.

③ Trentham, L., Silvern, S., & Brogdon, R. Teacher efficacy and teacher competency ratings[J]. Psychology in the Schools, 1985, 22(3): 343-352.

研究者 （年代）	研究方法、工具、样本	研究结果（主要发现）
Hoover-Dempsey and Brissie（1987）	问卷法。意见调查表。66 位校长、1003 位教师。	1. 教师效能感高低可预测家长参与程度 2. 教师效能感、家长参与程度与学生成就有关
Grafton（1987）	调查研究法。教师效能量表。公立学校教师	1. 教师自我效能与"逃避策略"成负相关，与"解决取向策略"成正相关 2. 教师自我效能低，则采取"逃避策略"的冲突沟通方式；教师自我效能愈高，则采用"解决取向"策略 3. 女性教师的效能感是影响其使用"解决取向"策略的重要因素
Rhodes（1988）	调查研究法。教师效能量表。小学教师 256 人	1. 教师疏离感与效能感成负相关 2. 低疏离高效能教师较能接受改革改进生涯发展策略
Caver（1988）	调查研究法、晤谈法。校长及教师共 339 人。	1. 性别、任教阶段与教师效能有关 2. 年龄、教学经验与教师效能无关 3. 教师对学生行为的知觉、教师间平行式的沟通与教师效能感有关
Guskey（1988）	调查研究法。兰德公司问卷、学生成就责任量表。中小学教师 120 人（男 46，女 74 人）	教师效能感越高其对实施经熟学习教学方案的态度越好
Franklin（1989）	事后回溯法。教师效能量表。中、小学教师 700 人	1. 市郊地区的教师效能感高于城市教师 2. 小学女教师的教师效能感大于男教师 3. 学校情境因素会影响教师效能感

研究者 （年代）	研究方法、工具、样本	研究结果（主要发现）
Greenwood Olejink and Parkey（1990）	研究教师效能信念，教师压力感、控制感，教师个人特质（包括性别、种族、教育程度、任教学校、任教经验）	将教师效能信念分成四种类型 类型一：一般教学效能低，个人教学效能低 类型二：一般教学效能高，个人教学效能低 类型三：一般教学效能高，个人教学效能高 类型四：一般教学效能低，个人教学效能高
Smith（1992）	调查研究法。350位公立小学教师	1. 一般教学效能感与现在及一般工作满足显著相关 2. 个人教学效能感与现在工作满足显著相关 3. 教师效能感越高，工作满足感越高

二、教师教学效能研究的不足

综合以上对教学效能历史发展、研究的理论范式以及测量所做的探讨可以看出，随着社会的变迁与发展，不同时期教学效能的研究强调的重点不同，观点各异。各种研究方法、范式、途径及理论，彼此相辅相成，使教学效能的理论更为充实与完备。但是，教师教学效能的研究是在现代性的时代范式下展开的，其理论基础大多为理智取向的技能熟练模式，推崇技术理性以及实证主义的价值倾向。也由此导致了教师教学效能研究的不足：共享的知识、技术和实证的效果成了实现教师教学效能的基础和核心，教学内容的处理、课堂教学的组织、教学过程的调控以及师生互动的艺术成了教师教学效能研究的重点。

（一）量化的研究方法

笔者查阅相关文献资料发现，国内外对教师教学效能的研究主要采取问卷调查的方式，然后对调查结果进行量化分析。采用量化的方法进行教师教学效能的研究有一定的合理性，但是，正如约翰·R. 霍尔（John R. Hall）和玛丽·乔·尼兹（Mary Jo Neitz）在谈到权力与文化时所认为的那样：[1] 我们日常生活的社会世界——"生活世界"已经被"系统"所遮蔽。这种变化出现的部分原因是

---

[1]　约翰·R. 霍尔，玛丽·乔·尼兹. 文化：社会学的视野 [M]. 周晓虹，徐彬，译. 北京：商务印书馆，2002：230-231、232-233.

社会生活的体系理性化过程侵入了生活世界，我们的生活越来越通过科层化的政府体系，以及生产商品、服务和信息的企业体系组织起来，生活世界已从行动所在之处向相反的方向变化，也就是说，我们日常生活的领域现已日益被外在的"体系"所组织。量化研究加重了"系统"对教师教学效能的遮蔽，使得教师教学效能的研究的主流话语是"要"如何当老师，"要"老师如何做才能提高教学效能。而对教师复杂、幽微的日常教学生活关注不够，很少倾听甚至很少关注教师实际的以教学为核心的生存状态，很少关心教师如何在个人与学校之间的纠缠中成长与拼搏，适应与超越，徘徊与挣扎，欢乐与痛苦。更为严重的是专家给出的专门话语体系潜移默化地控制着教师思考与说话的方式，教师作为专家权威话语体系的被动的接受者和诠释者默默地倾听理论者的言说，发不出真正属于自己的声音，由此导致了教师教学效能的研究仍然"局限于他者文化的疆域之中"。[①]

（二）固定的研究变量

国外的学者在研究教师教学效能时，通常会采用某些固定的研究方式，以概念架构来确立教学效能研究的变量，对教师教学效能的探讨是从教师性别、学历等教师自身的因素展开的，没有对场域与教师教学效能的生成互动机制进行有效的探讨。教学是在一定哲学观指导下的科学和艺术手段的综合应用，现代教学不能够仅仅有科学的知识，不能够仅仅有对学生的热情和爱心，不能够仅仅依据个人的知觉、爱好，相反，教师的教学必须基于经验做出一系列复杂的判断才能实现。

教育的任务是个体的社会化，社会化的途径是通过不同的个体实现的，而教师的教学实践是丰富多彩的，教师教学效能的研究不可能只是借助量化的方法和固定的研究变量。我们应为教师教学效能研究找到一种正确的"做法"。因此，正如美国教育社会学家沃勒尔（Waller）在《教学社会学》（The Sociology of Teaching）一书中所描述的那样："教师与儿童并不是不具肉体的智慧，不是教学机器和学习机器，而是置身在社会交缠的复杂迷宫中之整个全人。学校是一个社会世界，因为人类生活其中。"[②]"教学"大半都是在无法精确预测与控制的情境中进行的，影响教师教学效能的因素有很多，不但教师的性别、年龄、教学年限、学历、婚姻状况等个人因素和学校规模、教室情境、学生家长、环境等方面的情境因素对教师教学效能产生影响，而且同一个教师

① 丁钢．价值取向：课程文化的观点 [J]．北京大学教育评论，2003（1）：18-20.
② Waller. W. The Sociology of Teaching[M]. New York：Wiley，1932：1.

在同样的环境中的教学方式对具有不同人格特质、学习经验、学习态度、家庭背景的学生将产生不一样的学习效果。因此，教师的教学未必能像科学家一样只遵循客观、理性、系统、定程的法则，即可得到预期的效果。所以，走进教师的教学效能实践，通过对学校中沉默着的大多数教师及其教学实践的观察、访谈和追踪，展现教师复杂、幽微的日常教学生活，以探讨教师教学效能的"真相"，揭示教师教学效能形成机制的心路历程，已经成为对教师教学效能研究现状的回应。

第四节　本书的方法论思考

"方法论"（methodology）是指涉及一个研究方案的一般逻辑和理论观点，是一种规范和厘清研究中探询程序的思维方式，是对在实践中得到的检验手段的反思。[①]"方法"（methods）指的是研究者使用的特定技术，如调查、访谈、观察等，是研究的较为技术性的层面。方法论主要受认识论假设的影响，尤其是关于"知识是否能够被论证（justify）与如何被论证"假设的影响。一旦研究者掌握了某种"论证的套路"时，这种认识论将直接影响研究者研究的思维方式（方法论层面），进而影响他（她）所采用的具体的研究方法，也会间接操纵研究中所架构的理论结构和内容。[②]不同的方法论直接影响着社会事实研究的分析路径、方法选择和结果解释，因此，不同的研究方法论就可能有不同研究方法的选择和运用。

社会学研究一直存在着范式之争，争论的焦点主要集中在整体的"社会事实"与个体的"社会行动"之间。[③]法国社会学家迪尔凯姆（Durkheim）在继承孔德的实证主义思想基础上，通过对社会学研究对象和方法的探讨，建立了实证主义研究范式，将社会学定义为研究"社会事实"的科学，[④]强调研究社会的具体方法是通过观察、统计和比较，从各类社会事实的相互作用中揭示决定某一社会事实的主要原因。德国社会学家韦伯（Weber）将社会学归结为一门"社会行动"的科学，[⑤]认为社会科学的性质及对象与自然科学有本质的不同，

① 马克斯·韦伯.社会科学方法论[M].韩水法，莫茜，译.北京：中央编译出版社，1999：24.

② 朱志勇.教育研究方法论范式与方法的反思[J].教育研究与实验，2005（1）：7-12.

③ 近代以来，启蒙哲学家对科学所热衷的"抽象""概括"进行了反思与批判。柏格森指出，用抽象的概念解剖生命世界，只会把川流不息的、活生生的实在肢解成一堆毫无生气的碎片；尼采则激进地称之为"概念木乃伊"；福柯称之为"非法建筑"。

④ 迪尔凯姆.社会学方法的准则[M].狄玉明，译.北京：商务印书馆，1995：34.

⑤ 马克斯·韦伯.社会科学方法论[M].杨富斌，译.北京：华夏出版社，1999：35.

社会科学无法采用自然科学的"规范方法"加以研究，只能用人文科学的方法加以阐释。受人类学与社会学实地工作的资料搜集方法的影响，社会科学研究已经从迪尔凯姆的"实证主义"方法论走到了韦伯的"解释主义"方法论。欧洲的英国和法国自 19 世纪中叶起已经运用质化研究（尤其是参与观察）来理解人们的生活，特别是 20 世纪 20 与 30 年代的芝加哥社会学派，和 20 世纪 30 年代沃勒（Waller）的教育社会学研究。质化研究传统自此形成。

叙事研究由于主要关注经验、生活质量与教育而奠定了它在质化研究中的地位，有关经验的教育研究评论认为，叙事研究与以质化为指向的教育研究一致，并把它与经验哲学、心理学、批判理论、课程研究以及人种志相提并论。越来越多的学者已经逐渐认识到叙事研究的价值和由此而引起的理论思考以及通过叙事这种形式来揭示教育现象具有其不可替代的优势。康纳利（Connelly）和克莱丁宁（Clandinin）认为，叙事是基于反思并通过个人的经验来制造意义，具有整体主义的品质。[①] 尽管叙事研究不乏持批评意见的学者，[②] 但是，叙事研究改善了我国教育理论与教育实践之间不能很好沟通、相互脱节的局面，为教师真正参与教育研究提供了契机，[③] 在社会科学中叙事研究的发展正展示出迷人的景象。[④]

本书将"叙事研究"作为指导研究的方法论，以极大的热情来关注教师日常教育实践的活动。为了聚焦一个值得探究的问题，笔者进入学校现场，体验所考察学校的教师生活，寻找可以深度研究的案例。笔者先通过与学校领导和教师数十次的座谈，同时用约一个月的时间随机听课几十节，在此基础上遴选被调研的教师和班级。采用观察和深度访谈的方式，重点观察被调研教师的日常教学活动，听他们讲工作、生活的故事，并记录下所观察到和听到的被调研老师的教学活动中有价值的信息。与此同时，笔者还深入学生早操、晨读、自习、就餐、课外活动等在校的日常生活，倾听和亲历师生间或同学间的某些"矛盾冲突"，或"悄无声息、深藏不露"的秘密。在学校与师生近距离的相处体验过程中收集原始资料，关注重要事件，挖掘有意义的场景。

本书综合运用了量化评价和质化评价的研究方法，采用叙事方式进行描述。具体地说，本书中研究方法的运用分两个阶段进行，在资料的收集上采取问卷

① 唐伟胜. 国外叙事学研究范式的转移：兼评国内叙事学研究现状 [J]. 四川外语学院学报，2003（2）：13-17.

② 对叙事研究的批评参见，许锡良. 评"怎么都行"：对教育"叙事研究"的理性反思 [J]. 教育研究与实验，2004（1）：5-11.

③ 卜玉华. 教师职业"叙事研究"素描 [J]. 教育理论与实践，2003（6）：44-48.；王凯. 教育叙事：从教育研究方法到教师专业发展方式 [J]. 比较教育研究，2005（6）：28-32.

④ 杨捷. 促进教师专业发展的教育叙事 [J]. 中国教育学刊，2006（5）：72-74.

调查、访谈和观察并行的策略，特别是在确定本书研究对象的过程中，通过《教师教学效能问卷》对重庆市 A 中学和广西壮族自治区 B 中学的教师教学效能状况进行调查，并选出教学效能较高的两位教师，作为进一步深入调研的对象。在研究两位被调研教师教学行为时主要采用叙事方式，期望能够透过农村地区学校场域中各种力量在教师的教学效能实践中形成的矛盾和冲突，了解其教学效能生成机制的心路历程。

第五节　本书框架及研究路径

本书从教师的专业发展、教育理念、师生目标、教师教学策略等几个方面，通过描述被调研老师的心路历程，探讨教学效能的形成机制。

本书的第二章"迷途的县中模式"部分，概述了自 20 世纪 90 年代到 21 世纪初，为应对高考逐渐出现的县中模式，分析了县中模式的成因和本质。第三章"地处西南地区的两所县中"部分，通过深入调研考察有代表性的两所中学，着重展示了近几年学校从县中模式进行教育教学改革的探索之路，探索的核心就是提升教师的教学效能。通过对两位被调研教师的叙事研究表明，影响教师教学效能的因素有很多，其中教师的专业发展、教育理念的形成、师生共同目标的确定、教师教学策略的运用是构成教学效能最重要的因素。第四章"优秀教师专业发展的历程"部分，对两位被调研教师的教学业绩进行了叙事，对他们的成长历程进行了追忆，描述了两位教师专业知识和教学素质的生成过程及其对他们的教学效能产生的影响，并提出了教师专业发展的旨归是提升教师教学效能的观点。第五章"为主动学习而教"部分，从学生的发言引发教师的触动入手，描述了两位被调研教师"为主动学习而教"这一教育理念的生成历程及其对教学效能所产生的影响，并论述了教师为了实现"为主动学习而教"所必须具备的教师意识。第六章"为了共同的目标"部分，对影响两位被调研教师教学效能的学校环境和组织因素进行了叙事，描述了两位教师建立课堂学习共同体的初步尝试及其对教学效能所产生的影响。第七章"教学策略的探寻"部分，对影响教师教学效能的教学策略因素进行了叙事，叙述了两位被调研教师不同的课堂教学策略对其教学效能产生的影响。具体的研究路径如下。

一、确定考察内容

确定了考察学校和重点考察的教师、班级及学生之后，在考察过程中围绕以下几个问题展开调研，期望抓住那些引人入胜、感人至深的故事"情节"，

形成研究旨趣。

（一）学校最关心的问题

从对学校领导、教师、学生、家长的观察和访谈来看，无论是学校领导、上级主管部门，还是教师、学生、家长，最为关心的就是学校的教育教学质量，尤其是升学成绩。

（二）影响教育教学质量的因素

教育教学质量就考核而言是一个量化指标，就其构成而言，和诸多的因素有关，提高教学质量是一个系统工程。从狭义上讲，教学过程贯穿于教与学的始终，它是由教师、学生、教学内容、教学手段构成的。因此，教学过程与教学质量的关系极为密切，所以说，教师、学生、教学内容、教学手段是影响教学质量的四大因素，首要的因素还是教师。

（三）教师教学效能的重要性

本书通过对教师教学故事的描写，关注教育教学的"场景"与"情节"，发现能够有效影响教学质量的正向因素是教师的教学效能。这就形成了本书研究的旨趣。

在形成了研究旨趣后，本书又收集并分析了有关教师教学效能的文献资料，认识到了以往对教师教学效能内涵的理解和对教师教学效能的研究存在不足之处，由此，形成了研究的主题——教师教学效能的形成机制，并进一步将研究主题聚焦于两个在教学效能中经历了某一特定境遇的关键人物。

二、明确研究目标

本书以处于不同地区的两所学校为研究对象，由于两所学校教学管理、教学设施、师资状况等不尽相同，教师教学效可能会有许多差异。基于此，依据研究教师教学效能的一般方式，我们进行了问卷调查，目的是揭示教学效能相对较高的教师和影响教师教学效能的主要因素。我们在问卷回收后即进行基本资料统计，检验不同变量间教学效能的差异显著性，然后根据各变量对教学效能进行分析，确定要进行叙事研究的教师和要素。之后，笔者以文献分析和问卷调查研究结果为蓝本，编制了"教师教学效能访谈大纲"，对在教学效能的问卷调查中得分在150分以上的18位教师的课堂教学进行了对比观察，并对这些拟进行叙事研究的教师和要素进行半结构性访谈和无结构性访谈，从而确定教学效能研究的目标。

三、收集相关信息

在实地调研收集信息的过程中，笔者与被调研教师建立了朋友加同事的关系，并与教师"生活"在一起，通过访谈、观察、问卷等方式，走进教师工作活动的时空，搜集与教学工作相关的教学笔记、备课本、课件、教学参考资料等物品，录下参与教师的自述、家族故事、信件、日记、E-mail、QQ 等背景资料。笔者特别注意收集影响教师教学效能的重要事件及其发生的时间、地点和人物。这些信息都作为研究教师教学效能的原始资料。

四、整理分析资料

在收集了大量的教师教学效能原始文本数据资料之后，笔者将访谈的录音转录为文字文本，并对资料进行阅读、整理与分析，从"一团乱麻"的参与者经历的故事的原始文本数据中，筛选出最有研究价值的信息，"理出头绪"，重新组织教师教学经历的故事环节。联系教师在叙说效能故事过程中教师的处境、想法等，以及其对事件的看法，把握教师的教学观念、教学行为所产生的深层原因，深入探究影响教师教学效能的因素。

五、总结建构意义

在研究过程中，经过素材提取、客观描述、深度诠释等几个环节，笔者找出其中的脉络、冲突、主题等整合为故事的情节与场景。把教师的教学效能故事放到学校与社会场域中进行考察与讨论，通过对教师教学效能故事的解读与理解，诠释教师的教学世界，找出有说服力的、有意义的、有主题的东西，并将教师的教学效能进行"二度建构"，通过构建生动鲜活的教与学的故事，使读者能从多个视角审视教师教学效能的本质，更好地理解重视教师教学效能对提高学校教育质量的重要意义。

第二章　迷途的县中模式

　　社会分层和社会流动是现代社会不能回避的两个核心问题，教育在其中发挥着重要的作用。布劳（Blau）与邓肯（Duncan）在分析美国社会结构时发现，在影响人们社会经济地位的自致性因素中，个人的教育程度极为重要和关键；马克思（Marx）和韦伯（Weber）则把教育看作划分阶级阶层结构的重要依据。[①] 关于教育与社会流动和社会阶层结构变迁之间的关系，主要有以下两种观点。一种观点是教育的定型化机制观点。法国社会学家布迪厄（Bourdieu）在《教育、社会和文化的再生产》一书中指出，通过学校，家庭背景的差异甚至对不同语言和生活方式熟悉程度的差异，被转化成学校考试成绩的差异，这种差异又表现在社会阶层的分化之中，这样教育就不断地将社会中已有的阶级结构复制出来。教育机构同时也是再生产社会不平等并使之合法化的方式，是现代社会中阶级再生产的一种重要机制。另一种观点是教育的流动化机制观点。一些研究表明，教育对社会流动有着积极作用，它是一种流动化机制，[②] 其中教育和文凭的获得无疑是社会流动的最重要的机制之一。[③]

第一节　读书改变命运

　　我国自宋代开始实行科举考试，选拔优秀人才，出身贫寒的男子可以通过各层级组织的考试考取某种功名，就可以实现向上的社会流动，于是，考试就成了促进社会流动的重要手段。当代中国社会，由于社会相对稳定，社会流动变得越来越常规化。

---

① 刘精明. 教育与社会分层结构的变迁：关于中高级白领职业阶层的分析 [J]. 中国人民大学学报，2001（2）：21-25.

② 卢晖临. 社会史的视角 [J]. 读书，1991（9）：137-142.

③ 张人杰. 国外教育社会学基本书选 [M]. 上海：华东师范大学出版社，1989：66.

一、艰苦的环境

农村艰苦的生活环境使得农村的孩子向城市流动的愿望更加强烈，而考大学成为他们实现向上流动的重要的、甚至是唯一的途径。提高农村特别是偏远地区的教育教学质量，已上升为国家战略，如东部经济教育发达地区选派优秀教师到西部地区农村中小学支教已成为常态。与笔者共事多年的一位教师有幸参加了上海嘉定区教育局第九批云南支教团，赴德钦县第二中学度过了为期一年的支教生活，他以随笔的形式记录下了他支教生活的片段，见证了农村生活条件和教学环境的艰苦。

例 2-1-1　支教随笔（一）2008.9.10

2008 年的 8 月 27 日对我来说注定是个特殊的日子，这天的早上 7 点 45 分我告别了妻儿在局领导的欢送下踏上了云南支教的征途，在昆明短暂休整了一夜后，28 日早上 6 点我们又踏上了去德钦二中的路程。经过近一天的颠簸，下午 3 点左右我们到达了此行的目的地——美丽的珠巴拉河畔的德钦县第二中学。

天是那么蓝，云是那么白，山是那么青……看着比想象中要好得多的学校，我忐忑的心放下了一半，其实这次支教对我这个从小在上海长大的人来说是一次很大的挑战。可当我走进宿舍时，放下的心又提了上来。宿舍楼是嘉定援建的，外观还算可以，我们五个人每人一个套间，条件也属"厅级"了，可满屋子的灰尘、蛛网、窗台上全是腐烂掉的虫子，卫生间更是不要说了，看了就叫人恶心。打开水龙头没一滴水出来，打开电视机没图像显示，插上网线显示无法链接……在家从不干活的我，此时心中像打翻了五味瓶一样不是滋味。有什么办法呢，既来之则安之，带着旅途的疲惫，我拿起水桶到楼下打水、拖地、擦窗台，先能住下来再说。

条件虽然是艰苦的，但我想我一定能克服，我是来支教的，不是来享福的，当地教师能在这儿生活，我为什么不能呢？这次支教得到了校长、书记及许多教师的关心和支持，在这我深深地表示感谢，你们的关心和支持是我工作的动力。我将不辜负领导和教师们的期望，尽心尽责，安心工作，保证出色完成任务，向嘉定人民交上一份满意的答卷。

例 2-1-2　支教随笔（二）2008.9.12

昨晚为了赶一篇文章睡得晚了，早上朦朦胧胧之间听到铃声，翻了个身想再睡一会儿，可是睡意已去，无奈只得起床，打开窗帘，外面的景象让我吃了一惊，只见学生三五成群地蹲在地上不知在做什么，仔细一看原来是在吃早饭，那场面可以用"壮观"来形容。我急忙穿好衣服，顾不得洗漱，抓起相机匆匆跑下楼去，一方面想记录下这一场面，另一方面想知道他们到底在吃什么。来到操场，只见每个人群中有两个脸盆，一个放着馒头，另一个盛着用开水冲的方便面汤。看着学生们静静地在那儿吃着，我的鼻子酸了，眼泪不由自主地流了下来。当我举起相机拍照时，学生们都低下了头，也许他们是不想让我知道他们在吃什么，也许他们在为他们的贫困感到惭愧。不一会儿，我们另外几个支教教师也来到了操场，我们五个就静静地坐在石阶上，默默地看着学生们吃着所谓的早餐，望着他们黝黑的脸上全是营养不良的白斑，我们的心里很不是滋味，那种感觉不是用语言能表达的。在和他们校长的交流中得知，现在国家每月资助每个人100元伙食费，以前吃得还要差。由于国家资助了他们才有机会到学校里来读书，如果国家不资助，有很多学生根本吃不上饭。每月100元，平均一天3元多，一餐也就1元左右。一元钱能吃到什么，连吃饭都不够，哪还有什么菜。校长说，他们在学校里吃得还算好的了，在家更没什么吃的了。

想想我们那边的学生生活在富裕的环境中，但不知道珍惜，大鱼大肉都倒在了泔脚桶中，今天这不好吃，明天那不好吃。再看看这边的学生，我真的不知道说什么好。同学们看看你们的同龄人吧，看着他们，你们还有什么理由不好好读书呢？同学们请珍惜你们现在所拥有的一切，认真读书，你们是国家的未来，祖国的强盛需要你们。

例2-1-3 支教随笔（三）2008.9.14

经过几天的打扫，"厅级"宿舍总算焕然一新，除了偶尔会飞进几个虫子，爬进几只蜘蛛外，也算窗明几净了。对于虫子全当是养的"宠物"，哪天不见还有点不习惯。水看来是没指望了，刚来时没水觉得很惊讶，接下来有几天水由滴变线，很是激动，终于来水了，可好景不长，两天后又没水了，现在只能每天提着两个水桶到楼下打水，不知一年下来会不会臂力大增。

不知为什么，到这儿饭量大增，本来在家只吃一碗，从不再盛第二碗的，没想到在这儿吃了第二碗还想盛第三碗，每天吃得肚子胀胀的，打电话给父母，父母说那几年自然灾害也是这样的，肚子吃得像螳螂，可一会儿就饿了，原来是没油水的表现。我们在这儿每餐两菜一汤，八个人吃。辣豇豆、凉拌黄瓜、炒土豆、包菜肉丝、辣椒猪肝每天轮着吃，汤就一个青菜汤，偶尔会有几块小排在里面，听说要两个星期才能吃上一次鱼，而且只有鲤鱼；传说中的土鸡可能也要几个星期才能吃上一次，就这菜每月每人要付近400元的饭钱，双休日还不管饭。看来星期天一定要到步行45分钟的小镇上开开小灶，不然真的不行了。好想念那顿大餐呀！

上网，除非想变成"熊猫眼"，否则是没有希望的，白天有时会挂上但要想打开网页那几乎是没可能的。要上网听说要到半夜 12 点后到早上 6 点前是可以的，我没试过，不过我们这次去的五个人中有个"网虫"试过，说网速很快的。宿舍里的电视机也不知什么时候能去修。

条件虽然很艰苦，但我们五个人的热情倒还高涨，正积极投入教育教学工作中，这几天还买了油盐酱醋，准备自己开开小灶。还听说网络服务器要搬到我们这幢楼了，到时就可以上网了，期待中。

近来有几位校领导、老师、朋友都打来电话，发来短信问候，在这深表感谢。我这儿一切都好，谢谢大家关心！

例 2-1-4　支教随笔（四）2008.11.13

来德钦二中已一月有余，大家猜猜我最不能忍受的是什么。是网络的不畅通？是没水并经常停电？是交通的闭塞？是生活习惯的不同？其实这些已慢慢地在适应。我最不能忍受的是学生身上的异味，记得第一次进教室时，熏得喉咙像火烧，熏到胃都提出了抗议。听说这儿的同胞不太喜欢洗澡，以前有人一生只洗两次，出生一次，到死的时候再一次，不知是真是假。不过已经十月底了，学生也不能坚持在冰冷的河水里洗澡。我心里倒是暗自庆幸：这次亏得学校里三位女同志没来，如果来了不知她们如何去克服个人生活问题。在和学校副校长的聊天中得知，这些学生很少洗澡和换衣服，上厕所只有一半学生带手纸。鉴于以上情况，我们支教小组设计了一个调查问卷，通过调查发现情况基本属实。其中固然有习惯上的原因，但在调查中我们也发现不是学生不洗不换，而是很多同学没衣服换，买不起洗漱用品，于是，迎园中学向德钦二中捐赠 200套七年级学生洗漱用品。听着学生们接过用品时的"谢谢"，看着学生们拿着用品时的笑脸，我的心也舒坦了许多。

例 2-1-5　支教随笔（五）2008.11.30.

"老师，你是坐火车来的，还是乘飞机来的？""老师，乘飞机是坐的，还是站的？""老师，在上海走路是不是都要仰着头？""老师，你家有没有电视机？"……课间学生总喜欢围着你问这问那，可问的问题又让你很震撼，很无奈。这边的孩子从小在大山里长大，连他们的父母也有可能一辈子都没走出过大山，不要说这些孩子了。问我家里有没有电视机的孩子是因为他家刚买了一台电视机，问我在上海走路是否要抬头的孩子，是因为她听说上海路边全是高楼，仰头是为了看高楼。是呀！上海有很多高楼，但走路也不至于总仰着头吧。看着孩子们好奇的目光，望着孩子们天真的笑脸，我突然觉得我的到来是那么意义深重，虽然我知道我不是太阳，我只是一支蜡烛，也许凭我的个人能力不能改变什么，但我想至少我可以在孩子们的心灵中开启一扇窗，告诉他们只要你努力了，就有机会走出大山，外面的世界很精彩。

二、现实的选择

与城市比起来，农村各方面的机会都少，从事农业生产仍然是大多数学生所不愿意的。农村孩子为了改变"面朝黄土背朝天"的命运，努力学习，跳出"农"门，升入高校，走一条与父辈们不同的人生道路。对农村的孩子来说，如果不上大学，或许将来就像乡间其他失学的同辈那样，要么出去打工，要么就永远留在家里种地。因此，对多数的农村孩子而言，上大学是全家人的希望，家长也希望孩子能够顺利进入高校，使一家人"过上人上人的生活"。2005 年 2 月 10 日《南方周末》在"百姓，你幸福吗？"的栏目里发表了记者何雪峰的采访。

被访人：何先生，52 岁，安徽省芜湖县某村农民，曾担任村主任多年，现在县城开店。月收入 2000 元左右。

采访实录：我现在生活很美满。能做不种田的城里人，生活最幸福。我的两个小孩现在都大学毕业了，在城里工作，我自己也在县城开了店，一家都做了城里人，当然很幸福。

农村的孩子，想跳出农门，念书是最好的办法。我很重视小孩念书，农村教学质量差，他们上小学时，我就把他们转到了县城学校，两个小孩同时到县城上学，经济上的压力还是很大的，借钱也要坚持下去。幸亏我两个小孩读书争气，都考上了大学……一直等到两个小孩大学毕业后，工作赚了钱，才还了家里欠的债。我从村主任的任上退下来后，又在县城开了煤气店，收入还不错。今年儿子又娶了个城里媳妇，用我儿子的话来讲，真是"读书改变命运"。自从我家小孩上了大学后，村里念书的风气好多了，很多父母都省吃俭用让小孩好好念书。

当然不是所有农村的孩子都能通过升学实现向上流动，据《中国教育报》测算，到 2001 年为止，中国农村小学生能够考上大学的机会，只有 15%。[①] 但是这对农村的孩子来说，毕竟是一条看得见、摸得着的实现向上流动的现实途径。很多县中墙上的"读书改变命运！""要想不苦一辈子，就苦高中一阵子！""要想今后有出路，就看今天苦不苦！""面壁三年跳农门"等醒目标语仿佛在诉说着学生、家长、教师、学校和社会的沉重期盼！

---

① 王进业，文远竹. 警惕：农村辍学率上升 [N]. 中国教育报，2001-6-7.

第二节　"辉煌"的县中模式

面对学生、家长和社会等方面的压力，很多在位置、经费、师资和生源等方面不占优势的县中，就发挥他们特有的优势资源——时间，实行封闭式管理，增加教师的上课课时，拉长学生的学习时间，实行题海战术，提高应试能力，取得高考的"丰收"。于是，县中成了农村孩子走向"重点高中—名牌大学—优越的城市生活"这条"阳光大道"的最佳选择。从政府到学校、从家长到学生都对县中趋之若鹜，甚至许多居住在城区的孩子，也想着法子到县中去读书，铸就了县中模式的"辉煌"，县中就成了农村孩子实现他们梦想的地方。

一、南京高考的"滑铁卢"

在江苏省各地市中，南京一直是大胆试水、开展素质教育的前沿阵地。随着国家课程改革的推行，南京采取了禁止学校拖课、禁止不按时放学、少布置或不布置家庭作业、禁止中小学假期补课、禁止周六周日上课等措施，缩短学生在校学习的时间，努力减轻学生负担，并开展研究型学习，引导学生走个性发展和特色发展的素质教育之路。2004 年是实行素质教育之后的第一次高考，人们对南京的素质教育结果充满了期待……

但是，当 2004 年高考成绩公布后，几乎集中了江苏省最好的教育资源、优秀生源和优秀师资的南京，却遭遇了高考的"滑铁卢"，在考生人数增加的情况下，南京市达本科线的学生下降到 4 700 人，比 2003 年反而减少 600 人，高考成绩在全省倒数第一。与此形成鲜明对比的是，江苏省如东县一个名不见经传的中学，师资、硬软件教学条件，都比南京的很多学校差，在 2004 年高考中，高考平均分 593.55 分，高出一本 575 分的录取分数线近 20 分，全校仅一人没考上大学。[①]2004 年的高考成绩就像一盆冷水劈头盖脸地泼在南京素质教育的"脸"上，一时间，"高考之痛"成了南京教育的代名词。

二、县中模式"显灵"了

后来的事实让南京教育部门"痛"上加"痛"。2005 年 4 月，原本成绩排名在南京市处于第二梯队的南京市 S 中学，自从引进了县中模式后，只用了短

---

① 应志刚，张易，殷文静.谣言的叩问："县中模式"大举"入侵"引发激辩 [N].江南时报，2004-11-9.

短两年的时间就把同类学校远远地甩在了后面。在2005年两次高考"热身赛"中，S中学的成绩直逼南京第一梯队的几所名牌中学，最终在2005年高考中，S中学本科达线人数在区属高中里排名第一。这直接刺激了随后的中考招生，在南京市名校分数线有所下降的情况下，S中学的录取线不降反升，从全市七八名跃居第四名。于是，有人开始惊叹：县中模式"显灵"了。

近几年出现了很多学生从异地涌向"县中模式"学校就读的现象。

例2-2-1

白明洋本来是南京市板桥中学的学生，"2005年初中毕业的时候，我的成绩并不是很好，尤其是数学特别差，如果按照当时的状态在南京上中学，我很可能就会落榜，当时我们家刚好有亲戚在南通海安，况且近几年来曲塘中学的成绩一直位于江苏省前列，我就被送过去了。"

"和我一起在那里借读的南京学生，这一届大概有十几个。"白明洋告诉记者，"刚开始的时候，真的很不习惯，那里抓得真是太紧了，不光有早读，还有晚读，自己不能适应这样的生活学习状态，除了寒暑假，每隔两个星期回家一次。"

与此同时，白明洋发现自己的成绩渐渐地在提高，学习不像以前那样吃力了，回家后看到的更多的是父母欣慰的眼神，自己也觉得在学习上吃点苦是应该的。况且父母为了他的学习和安全着想，高二的时候还特意给他找了一个当地的老师，让他搬到老师家里住。

刚参加完高考的学生白明洋自豪地对记者说："我想要考到离南京远一点的城市去，三年的外地学习生活已经让我自己独立了很多，我自己一个人完全可以适应过来。"白明洋还坦言，刚刚结束的高考他考得相当好，准备冲击北京的重点大学。

说到高中生活，白明洋显得很不舍，在这三年中他和那里的同学结下了很深的友谊。"与本地的学生相比，我在班里成绩不好，底子比较薄，有很多同学都会主动帮助我，连同学的家长也会经常关心我，知道我是从外地来的，平时来送饭时都会给我带上一份，特别是在高三那年，周围的人给了我很多帮助。高考最后几个月真的很紧张，晨读开始得很早，老师就陪着我们上，晚上大家也是加班加点，都在做最后的努力。虽然爸妈不在我身边，但是我觉得自己和别人并没有什么不同，只想着高考能考出好成绩。现在和同学经常电话联系，希望能邀请他们到南京来玩。"

高考结束后，白明洋又玩起了很长时间都没玩的网络游戏，觉得放松了很多。这个暑假，他想要出去打工，做一些有意义的事情，为上大学做准备。他

的父母想要他留在南京上大学，他也想到城市去，过舒服的生活。

三、县中"攻陷"南京

"高考之痛"很快蔓延到南京的各个中学，公众把矛头直指教育主管部门和素质教育。据《扬子晚报》2004年9月2日的消息，南京金陵中学高一新生军训8天，第4天就有两位家长气势汹汹地冲到学校质问老师：我们的孩子是来上学的，不是来当兵的，你们简直是浪费时间。无论老师怎么做工作，家长还是坚持把孩子带回去了。① 包括金陵中学、南京一中等重点中学在内的学校，经常会收到学生家长的投诉，内容竟然是"学校经常搞和高考无关的活动""放学太早""管理太松"等。有的家长堵在校门口，要求开设晚自习。一些有"门路"的家长，甚至想方设法将自己的孩子从南京市的省重点、国家重点学校转学送到高考成绩突出的县中去。更有甚者，一些家长不惜缴纳几万元借读费，让孩子到江苏北部几所升学率很高的县级中学"镀金"，再回城参加考试，当起了新的"高考移民"。

南京教育界的部分权威也开始为县中模式的生存和推行找理由。2004年11月17日《扬子晚报》的晚间A1版在显要位置刊登了南京师范大学文学院院长、教授何永康的文章《"痛"而后"快"——我看南京"高考之痛"》的专稿，他在文章中全方位地对《警惕县中模式"攻陷"南京》所阐述的观点给予"反击"。他认为，"如果没有12年寒窗之苦，没有记忆、综合、升华的能力，是很难考到高分的！""相形之下，我总是乐观而浪漫地推想：待到今天这些凭'总分'考入大学的孩子长成后，中国的科技、文化将会是何等辉煌啊！"②

与之相呼应的是，2004年10月21日，民建江苏省委专门就如何科学推进素质教育、如何正确看待素质教育与学生应试能力的关系等做了专题发言。委员们认为，现在社会各界包括一些教育工作者对素质教育的本质还缺乏深刻的理解，有把素质教育等同于副科教育的，有把素质教育与语、数、外学习对立的，更多的则认为素质教育培养出来的学生不具有较高的应试能力，因而将考试的失利归咎于素质教育。实际上对学生而言，应对考试的能力也是其综合素质的重要组成部分，真正通过素质教育培养出来的优秀学生，一定也能够面对考试取得成功。委员们强调，素质教育是一种先进的教育思想和教育理念，应该存在于我们的各种教育模式、教育方法和教育手段之中。不能简单地认为补课就

---

① 吴非. 前方是什么 [M]. 上海：华东师范大学出版社，2006：229.

② 何永康. "痛"而后"快"：我看南京"高考之痛" [N]. 扬子晚报，2004-11-9.

不是素质教育,开展各种各样的课外活动就是素质教育。[①]

在巨大的社会压力和"权威"们的支持下,那些批判县中模式的校长也开始改口,南京教育主管部门也开始采取"积极措施"。2004年9月初,南京市教育局出台了《关于我市中学节假日对学生开放教育设施和开展校内教学辅导活动的通知》。根据通知规定,各学校在节假日期间要有计划地开放图书馆、实验室、计算机房、体育场馆等设施;如果家长同意,学生自愿,各学校可根据学生学习的规律,利用双休日的一天开展教学辅导活动,集中辅导活动内容可安排选修课、实验课、活动课和综合实践活动。尽管通知强调以"家长同意,学生自愿"为前提,但在"高考之痛"风波未平之际,这项暑假期间颁布的规定还是被外界看作"为南京市严禁多年的周末补课开绿灯"。南京市教育局的通知出台后不久,宁海中学开始要求高三学生每天晚上6:15至9:30到校上晚自习,紧接着,南京市第十三中学也随即做出规定,从10月8日开始,在高中部全面推行早晨7点进校,晚上9:40离校的高强度作息制度。晚自习制度改称为"精细化管理"后在南京多所学校推广,南京的各所中学又开始刮起了补课风。

2004年9月,南京市教育局出台了《普通高中教育绩效评估试行方案》,该方案首次把高考成绩纳入中学考评体系,学校办学质量与当年高考本科达线率挂上了钩。在此背景下,南京名校开始借鉴县中模式,南京的一些重点中学开始大量引进有县中工作经验的教师和校长。据不完全统计,从2004年开始,南京部分名校一年要引进十几个县中教师。在南京的一些学校,几年内引进的县中教师就超过教师总数的1/10。甚至南师大附中、十三中、宁海中学、南京九中等名校的校长全都曾在县中或镇中工作过。[②]

在应试教育上颇有"经验"的县中校长和教师已经越来越多地"移师"南京,跟随他们而来的,正是曾被南京扬弃的"填鸭式"教育模式。[③]一些县中来的校长将三天一小测、五天一大测,步步为营的评价模式引入南京,月考、单元测试的县中模式也纷纷进入南京的多所中学。2005年7月,在经历高考之痛一年后,南京市教育局宣布,当年的高考指标"全面进位",均分提高8分,本科上线净增600人。县中模式已经在南京悄然渗透,南京重新开始走加大课量、增加晚自习、周末补课的老路子,至此,县中模式已经"攻陷"了南京。

---

① 应志刚,张易,殷文静.谣言的叩问:"县中模式"大举"入侵"引发激辩[N].江南时报,2004-11-9.

② 王夕.警惕县中模式"攻陷"南京[N].现代快报,2004-11-17.

③ 曾浩,程晓,胡庆庆,等.南京名校开始借鉴"县中模式"[N].东方卫报,2008-6-11.

四、县中模式由农村"包围"城市

在全国范围内，与人们争取让孩子在义务教育阶段进入城市学校接受高质量教育的热潮相反，城区的生源出现了向郊区县中流动的"逆流"，城区家长把孩子送到周边县中就读已不是个别现象。在山东省荣成六中的 3 000 多名在校生中，有 500 多名是来自北京、沈阳、济南等外地城市的学生，周边青岛、烟台、威海市区的学生家长更是千方百计把孩子往里面送。在距离济南一个多小时车程的昌乐二中，来自济南市区的学生有二三百人，在距离济南市区更近的历城二中，来自济南市区的学生占一半以上。辽宁省朝阳市喀喇沁左翼蒙古族自治县高级中学的 2 500 名学生中，有 200 余名学生来自外县市或外省市，包括黑龙江、河北、内蒙古、山东及辽宁省内其他城市。① 至此，县中模式在全国范围内已经由农村"包围"了城市。

第三节 透析县中模式

一、历史地来看县中

客观地说，县中模式也确有其可圈可点之处。从其内部来看，县中具有管理精细、要求严格、师生同甘共苦、注重培养学生吃苦耐劳的精神等方面的优点；从其外部来看，县中增加了高中阶段教育资源，对我国中等教育的发展有重要的作用。县中的发展不仅创造了高考的辉煌，而且为高等学校培养和输送了大批人才，在当地的人才培养和文化建设中起着不可或缺的作用。从县中走出去的学生，有的成了将军，有的成了院士，还有的在各个重要岗位上工作着。一些值得学校骄傲的院士、将军的大幅照片就挂在教学楼的走廊里，给了农民发展的希望，激励着一届又一届农村学生努力学习，不断拼搏。②

二、为了今天而失去明天

（一）被学习填满的生活

用"被学习填满的生活"来概括县中的特点是很恰当的。大多数县中学生都要寄宿，都实行封闭式管理，学生平时不能出校门。如果学生有事要出校门，必须要先找年级主任开条子，然后到学校政教处盖章，再找班主任签字。有了

---

① 韩晓光.城市学生就读县中现象分析 [J].教育发展研究，2007（8）：69-72.
② 续梅.透视"县中现象"之县中现象谁承其咎？ [N].中国教育报，2005-6-22.

这些还不行，家长必须在门口等着。如果家长在，门卫检查完学生的假条后，押下学生卡，家长签完字后才能领走孩子。同样，如果要返校，学生自己回来不行，必须由家长送到校门口并签完字后，学生才可以进校门。[①] 封闭式管理的目的很明确，就是能最大限度地保证学生的学习时间。许多人认为，县中地处农村，孩子上学机会少，要竞争过别人，只有拼时间、拼体力。因此，有些县中四个星期让学生回家一次,学生每天有15个小时的时间被规定在课程表上，除吃饭、睡觉外，学生的行为都在老师视线之内。如表 2-3-1 所示。

表 2-3-1　苏北某学校的作息时间表

事项	时间
起床	5：40
早操	6：00—6：30
晨读	6：40—7：00
早饭	7：00—7：50
第一节	8：00—8：50
第二节	9：00—9：50
课间操	9：50—10：10
第三节	10：10—11：00
第四节	11：10—12：00
午饭	12：00—1：00
午休	1：10—2：20
第五节	2：30—3：20
第六节	3：30—4：20
第七节	4：30—5：20
拓展课	5：30—6：00
晚饭	6：00—6：50
晚修（一）	7：00—7：50
晚修（二）	8：00—8：50
晚修（三）	9：00—9：50
熄灯	10：00

---

① 王友文，赵小雅．"县中"：值得深思的现象 [N]. 中国教育报，2005-6-22.

学生只要能考到县中，就等于上了高考"流水线"。从高一起，学校就对学生的言行举止、行为习惯、学习方法等方面进行"矫正"，目的就是让学生及早地进入学校为他们准备的高考这条轨道。学生的生活就是一节课接着一节课地上，一张试卷接着一张试卷做了讲、讲了做。到了高三年级，学生更是进入了被学习填满的"苦难岁月"。有人以诙谐的方式描述了学生在学校一天的生活。

例 2-3-1 《学生的一天》

铃声响起，一日开始。同学呼喊，简单梳洗。发不及理，胡乱穿衣。鸡蛋牛奶，塞进口里。

匆匆忙忙，跑进教室。桌旁一趴，浑身无力。午间自习，拼命做题。语文数学，还有英语。

……

课后作业，做完已迟。两眼一闭，已然梦里。不是上课，就是考试。和在醒时，并无差异。

天已微明，铃声又起。天天这样，日日如此。辛劳学习，童年无趣，悲绕心头，人生如斯。

（二）辛苦的不只是学生

不仅县中的学生们过着被学习填满的生活，县中的教师们也承受着巨大的压力。县中在取得辉煌的高考成绩的同时，教师们也陷入了身心疲惫中。县中教师是一个特殊的工作群体，福利待遇不如市区教师，而承受的压力却不同寻常。

压力之一：超负荷运转。县中教师的奖金待遇与升学率相挂钩，因此，升学率的压力之大是可想周知的，伴随着升学率而来的还有许多苛刻的检查、评比和考核等要求，教师对学生进行"贴身管理"，甚至午饭和晚饭都在教室里吃，教师超负荷运转，甚至每天在校时间超过 16 个小时，有人以诙谐的方式描述了老师在学校一天的生活。

例 2-3-2 《老师的一天》

六点就起，一日开始。查查卫生，看看自习。囫囵吞枣，早餐迅急。锅碗瓢盆，请人代洗。忙上班去，不亦乐乎。N 摞作业，要你去批。改完作业，还有试题。单元过关，章节测试。昨天月考，今日摸底。期末期中，考试无数。今天出题，明日输出。抓紧考完，加班阅毕。

压力之二：家长的过高期望。改革开放以来，农村经济取得了很大的发展，但是由于区域经济发展不平衡等因素的存在，城乡居民收入差距不断扩大，农村经济仍然不尽如人意，农村相对贫困人口数量继续增长。县中的生源主要在农村，农村孩子的家长往往是在收入不高的情况下，倾其所有，甚至是东挪西凑才能供子女读书，希望通过上大学来改变个人乃至整个家庭的命运，再加上农村孩子的家长受教育程度低等因素的影响，他们把孩子升学的希望全部寄托在教师身上，如有闪失，教师难辞其咎，这也给县中的教师造成了巨大的压力。

压力之三：班级管理困难。因为县中得到了一些来自城市家长的追捧，因此，许多家长不远千里把孩子送到县中，希望自己的孩子能在那里顺利进入高校。学生水平参差不齐，其中有很多孩子是"行为不端"的问题学生，需要教师从吃喝到学习进行全方位的"关心"。加上教学条件的影响，县中人数过多，班级规模过大，许多学校早已超过了每个班级上限为 56 人的规定，这给教师的教学和管理带来了极大的困难，班主任及任课老师身心负担十分沉重。过重的工作负担和压力使 45 岁以上的教师就已经难以胜任一线教师的工作。[1]

三、再也不能这样过

在我们这个"考试大国"里，高考作为最重要的、影响最大的考试，历来就是教育界乃至全社会关注的热点，是国人谈论的热点话题。目前在我国，取消国家统一的入学考试制度的条件尚不成熟，在相当长的时期内，我国统一的高校入学考试仍然会是高校入学考试的主旋律。[2]

县中模式的一切工作都瞄准高考，在一定程度上反映着这一主旋律。但是，县中把考试升学和考上名牌学校当成了唯一的目标，几乎把教育变成了单纯的智力教育和应试教育的阵地，不考的科目可以不学，甚至一些学校根本就不设置非高考科目。学生最大的收获就是解题思路，看见一道题就能马上辨别出它的类型，进而迅速想到解这类题的思路，学生的全面发展能力被压缩成了解题能力。

正如全国人大常委会委员、原国家教委副主任柳斌等专家学者所言："应试不能完全不要，但如果把整个教育缩小到应试这么个小圈子里，就会出现教育之内皆应试，应试之外无教育，教育等于应试，应试等于教育这样的恶果。"[3]县中这种过于紧张的工作和学习生活，几乎控制了教师和学生的所有生活时间，极大地剥夺了教师和学生的自由空间，没有了自由的张力，也就没有创造性生

---

① 韩晓光．城市学生就读县中现象分析 [J]．教育发展研究，2007（8）：69-72．

② 刘光余．高校自主招生考试制度改革的思考 [J]．教育发展研究，2003（10）：29-30．

③ 续梅．透视"县中现象"之县中现象谁承其咎？[N]．中国教育报，2005-6-22．

长的时空。教学"负担过重必然导致肤浅"，工作学习负担过重产生了严重的后果，它不仅导致了普遍的教师厌教、学生厌学，更导致学生当下生活质量的下降和学生生命意义的贬损。学生正处于青春期，这对学生从生物人转变成社会人是非常重要的时期，在这样的年龄，从早到晚，披星戴月，过着枯燥乏味的学习生活，没有应有的身体锻炼，没有自己支配的时间，影响了学生的身心健康，这样的后果是很可怕的。而且，如果学生时期的很多能力发展空白，必将影响今后一代人甚至几代人的人生质量。教师长期身心俱疲，不但直接影响教育教学质量和效益，而且导致了教师日益严重的职业倦怠现状。如果放任县中模式从农村"包围"城市，重回应试教育的老路，势必会给教育和课改带来更大的内伤，将使刚刚进入良性轨道的素质教育遭受灭顶之灾。更严重的是，许多人认为，学生的生源差，只有"加班加点"才能提高教育的质量，把"加班加点"看作理所当然、合情合理的作为，并"鼓励"为了升学考试，为了让学生考上理想的学校，教师努力地教、学生刻苦地学。这本无可厚非，关键是通过什么样的方式和途径去 "为了考试和升学"。教育不是短期行为，高考的目的也不是培养学习机器，学校绝不能以学生的身心健康为代价去片面追求升学率，如果普遍推行县中模式，中学教育势必将走进应试升学的死胡同。

第三章　地处西南地区的两所县中

一场关于县中模式的讨论[①]引发了国人对当前基础教育痼疾的深思。这种通过"填鸭出高分""死揪政策"和"魔鬼教育"所取得的"令人满意"的高升学率的县中模式，极大地剥夺了教师和学生的自由空间，教师教得辛苦，学生学得很累。教师和学生没有了自由的张力，没有了创造性生长的时空，教师厌教、学生厌学，导致了师生生活质量的下降和生命意义的贬损，引起了人们的不满。

于是，人们开始探寻县中的突破重围之路，我们也带着这个问题，分别于2008年上半年和2008年下半年考察了重庆市A中学和广西壮族自治区B中学，探寻把高考和培养学生的素质统一起来的"教得有效、学得愉快、考得满意"的县中的另一种模式。[②]

选择重庆市A中学和广西壮族自治区B中学作为进行田野考察的对象，重要原因是这两所学校的典型性，重庆市A中学和广西壮族自治区B中学属于典型的县中，与城市和发达地区的高中相比，这两所学校在师资、生源、办学条件等方面都没有什么优势，和其他的县中一样，他们在前进的道路上也遇到过许多问题。其一是交通不便。两所学校地理位置偏远，从重庆市区到A中学要多次转车，需要半天时间才能到达；从南宁到B中学也要多次转车，路途需要三个小时。其二是经费紧张。A中学和B中学两所学校所在地域的产业以农业为主，学校有限的教育经费主要依靠县里的财政投入，没有自主创收，社会捐款极少，两所学校的办学经费都相当紧张。其三是生源质量不高。招生制度的改革，给地处偏远地区的A中学和B中学都带来了负面的影响，导致了

---

① 有关县中模式的争论可参见王夕在2004年11月17日《现代快报》上发表的《警惕县中模式"攻陷"南京》和2004年11月18日《现代快报》特约评论员肖余恨《追捧"县中模式"是对素质教育的反动》等文章。

② 按照研究惯例和规范，我们将田野调查的学校取名为重庆市A中学和广西壮族自治区B中学，在后面的研究中，凡是涉及学校名字和人物的地方，都做了适当的技术处理。本书中后面提到的两个重要的被研究者——重庆市A中学的科研室主任白斌老师和广西壮族自治区B中学的科研室主任雷鸣老师都是化名。

优秀的初中毕业生大量流向城市与发达地区的高中，这两所学校每年都有许多录取的优秀学生不报到，在 2008 年 B 中学招收的 5 名"全 A"的学生中，有三名没有报到，优秀学生的流失使得两所学校的生源质量不高。

正如美国教育心理学博士海莫·G. 吉诺特（Haimo G. Ginott）所说的那样："在学校当了若干年教师后，我得到了一个令人惶恐的结论：教学的成功与失败，我是决定性的因素。"A 中学和 B 中学在生源、经费都不占优势的情况下，依靠提升教师的教学效能提高教学质量，从而使他们的高考成绩远远高出同类学校，探索出了与众不同的另一种模式。

第一节　学校概况

一、走进黑石山

重庆市 A 中学坐落在长江之滨的白沙镇郊的黑石山上，占地 300 多亩，总建筑面积 63 500 平方米，有在校生 5 000 余人，教职工 300 余人，现在，学校设有高、初中教学班。

（一）学校沿革

重庆市 A 中学从清代同治九年（1870）创办义塾开始，发展成书院，演变为学堂、小学、中学，又先后与新本中学、江津三中合并，延续到今天，历经书院、学堂、学校几个阶段，已经有一百五十年的历史，具有深厚的文化底蕴。学校历经科举制度下的义塾、书院，新式学校的小学、初中到高中，采用过多种办学体制，实行过男女分校、合校和多种年限的学制，其形态之完备、历史之悠久是同类学校中所罕见的，是百余年来中国基础教育历史变革的缩影。

至清同治七年（1868），白沙的教育还非常落后，白沙团总张元富与盐商邓石泉曾多次到黑石山郊游，认为宝峰寺侧空地幽静宽敞，适宜读书，山对面马鞍双峰，峙立如文笔，兴学文风必盛，于是，他们在黑石山积极筹办书院。同治九年，由张元富命名为聚奎义塾，取"奎主文昌"（《孝经·援神契》）、"奎主武库"（《春秋握诚图》）之义。同治十三年（1874）春，张元富主持其事，开工建造书院房舍。光绪六年（1880），聚奎书院正式成立，院舍格调肃穆淡雅，颇具规模。1905 年废书院办小学，称"聚奎学堂"，邓鹤翔任堂长，由留日生邓鹤丹、周常昭协助办学，除保持传统的国学以外，还请留日生唐定章、陶岁霖等来校任教，开设数、理、化、生等新学。1906 年，即从日本购理化生仪器、标本和图书以开展科学教育，并开辟运动场，开展体操、田径等体育活动。同时，修建新式教学楼，培植花木，修筑池亭，美化校园。1909 年，小学第一班毕业8 人，考入清华留美预备班的有吴芳吉等 3 人，考入成都高等工业学堂的有曹观澜等 2 人。1912 年，学堂改称"聚奎小学校"，为江津之先举行首届运动会。1913 年，四川省巡按使署奖励全川办学成绩突出的小学 21 所，聚奎名列榜首，被誉为"川中模范小学"。1913 年，聚奎小学改为县立，1925 年，学校改为私立，由邓氏家族主办，成立学校董事会，邓鹤丹任董事主任。1930 年增办初中。初名"石泉中学"，1931 年改名，始称"A 中学"，1942 年增办高中。

中华人民共和国成立后，县人民政府接管了小学。1950 年 A 中学与新本女中合并，称"私立奎新中学"，1953 年县人民政府接管奎新中学，易名"江津县（现为"江津区"）第五初级中学"，1958 年并入江津三中。由于某些原因，学校一度被停办，1972 年，学校始招收推荐的初高中新生。1978 年，学校被定为永川地区重点中学，1984 年恢复旧称"A 中学"。1992 年，学校被列入《全国名校·中学卷》，2004 年 1 月，经重庆市人民政府正式行文批准，成为重庆市重点中学。一百多年来，该校毕业的 4 万余名学生遍布海内外，有的已为民族振兴和人类的发展贡献出了一生，有的正在各自的工作岗位上奉献聪明才智。

（二）清幽的巴渝名胜

黑石山，原名宝峰，后以多黑石得名。宝峰原是僻静的山林，明代建有川主庙和宝峰寺，香火颇盛。山上森林茂密，古木参天，后经几代人的苦心经营，现在已经成为百花之圃、群鸟栖息、鹭鸶云集、天人合一的佳境，"是英雄铸造之地，为山川灵秀所钟"。

黑石山是巴渝名胜，早在四五百年前已成胜景，但由于地处偏僻，一直隐匿于深山之中。直至抗日战争时期，始为外人知晓。20 世纪 30 年代后期，黑石山因入选《世界名胜词典》而闻名遐迩。

登上黑石山，从很远的地方就可以看见气势庞大的学校校门，像诸如餐饮一条街的入口之类的东西，完全没有优美宁静厚重古朴园林的感觉。走近校门会看见校门两边的两副对联，其一是由聚奎三绝之一的邓少琴撰写的"驴溪三叠天飞瀑，马鞍高峙地流杯"，原联为"驴溪三叠天飞瀑，马鞍环拱地流杯"。其二是由北京大学教授王利器撰写，著名书法家周浩然题刻的"江声远送白沙外，诗冢长留黑石中"。进入学校，会被该校校园"为山川灵秀所钟，集江南山水清幽奇秀之大成"的魅力所吸引，校内大小黑石遍布，古树名木满园，古典与现代的交融、自然与人文的和谐，形成了学校校园独具韵味的个性。

1905 年是 A 中学发展历史上比较重要的一年，这一年书院改为学堂，由留日归来的邓鹤丹协助掌管堂务。留日学人的介入，不仅使教学模式有所改变，对学堂的建筑风格也产生了很大影响。日式园林融入了许多禅宗思想，很强调石景的运用，多以景石象征岛屿，并且日本园林的景石以伏石为主，以浑圆为上，以墩实为上。[①] 参照日式园林，学堂建有不少的石景，矶石、岛石、岩石皆以表现岛屿景观而设。

内园的建筑风格深受日式园林建筑风格的影响。石柱洋楼、鹤年堂以及七七纪念堂等从结构到样式均为典型的仿日式民间建筑，其粉墙、板壁、青瓦的格调朴素宜人。书院根据山体的倾斜向背关系，在山体平面的正中位置修建了书院房舍。合院式房屋以庭园为中心，正中竖向有一勾连搭式屋顶的厅堂，旧为讲学厅，周围院落为师生住地，现为学校的办公用房。校长室、教务处、财务室等都挤在这些 100 多年前的房舍中，令人产生空间有点狭小局促的感觉。正后殿中为孔子堂，现为 A 中学图书馆。院中由讲学厅隔出左右两个天井，形成以赏花为主的园中园。内园景观比较朴实、自然、宁静，整个环境有利于澄心净性，读书学习。

外园则依巨石的大小散布情况和园景的需要而选点建造，由山、巨石、水、廊、亭、榭等组成气势紧凑、灵活多变的空间体系。外园的景点游乐性、纪念性较强，更加适合外来客人的观赏、游览。日本园林多以枯山水的形式来表达景致，即园林内不用水，所表现的山水是干枯的，形成山峰、岛屿、涧谷、溪流、湖海等多种山水意境。南面边坡上的水景——九曲池显现出了日本园林的气氛，池周巨石盘错。

造园者的留洋背景使其思想活跃，创新意识强，除重点营造日本园林的气氛外，也把欧洲，主要是意大利古典园林的某些造园手法用在其中，使外园显现出了明显的欧式风格。意大利古典园林有几个重要特点：大多顺山势修筑几层平台，强调严格的轴线对称关系，讲究规整格律；借用英雄或美人的荒冢，或园中原有的历史遗迹，碑碣题铭、刻诗等来营造一种略带伤感的浪漫主义气息。[②] 这一特点在外园中有充分的显现。书院建筑和后上方的明代川主庙恰好形成一条直线，后来发展成为一条由东向西的中轴线。后建的房屋或设施，凡在中轴线上的均以此轴线为基准排列，从山腰的"讨清檄文"方体石碑开始，依次是肖湘墓园、书院大门、石柱洋楼、川主庙。从低到高，竖向排列，形成了层层相叠、变化丰富的空间组群。在黑石山西面悬崖边上是园林的观景台，

---

① 刘庭风. 中日园林美学比较 [J]. 中国园林，2003（7）：4.

② 欧阳桦. 重庆聚奎书院巨石园林特色及其保护利用 [J]. 中国园林，2006（10）：46-50.

实际上是一处辛亥革命的纪念园地，处于园林中轴线前端的"凸"字形台地处，比较明显地体现了欧式风格。在 1911 年辛亥革命前后，以肖湘为首的学校师生纷纷奔走鼓吹革命，进行反清活动。观景台上位列正中的是当年肖湘奋笔草拟的《聚奎学校为白沙首义布告全川父老文》———即"讨清檄文"方体石碑，左右各设一个矩形大花坛。观景台后上方原为肖湘墓园，前后属于高低不同的两层台地，之间由大石梯相连，上下形成严格的对称关系。观景台上的"讨清檄文"方体碑，与鹤年堂正门左侧的"奋乎百世"方尖碑、石柱洋楼旁的鲸池内圆雕鲸鱼形喷泉嘴有很强的欧式园林特色。

园内有陈独秀题词刻"大德必寿"、周光召题词刻"志不求易，事不避难"、于右任题词刻"奋乎百世"等名人手迹、墨宝、石刻七十余处，这些题刻诗文，或壮志言情、激情飞扬，或言简意深、含蓄隽永。园林擅于借用与该校有关联、已故去的文化名人的墓地作为园景的内容之一，既有缅怀之意，游人也可通过墓主人或慷慨、或凄怆、或奋斗的生平事迹解读书院的历史，除一代名师肖湘外，被誉为"聚奎三杰"的诗人吴芳吉、书法家邓少琴、国画家张采芹，一生为教育事业探索的邓鹤丹等人的墓地也分布在学校外园的几处坡地上，营造了一种略带伤感的浪漫主义气息。

不仅在聚奎园中能感受到意大利造园艺术的影响，在鹤年堂室内还有难得一见的意大利风格舞台设计。其内部设计仿罗马歌剧院的布局，一反大多数礼堂把乐池隐藏在舞台下的做法，大胆地把乐台置于舞台的上方，不但气势宏大，而且乐队的演奏不仅可以聆听，也可以成为观看的一部分。据 A 中学的学校领导介绍，陈独秀曾在聚奎中学以做客的性质在鹤年堂住过一些日子，并为学生讲演一次。现在的鹤年堂结构改动较大，看台包间已被隔成许多单间住房，供教职工居住。

如今的重庆市 A 中学在 20 世纪 80 年代后期开始，相继在校园内建成了多座教学大楼和宿舍大楼，也因此凿毁了许多景石，拆除了七七纪念堂和康庄音乐室等历史建筑，原有的空间整体结构和山水格局受到一定程度的影响，但是还是能够明显地看出聚奎书院的原貌。

二、走进"秀林书院"

广西壮族自治区 B 中学是由郭公讲院，历经浮槎义学、秀林书院、淮海书院、师范传习所、横州第一公立两等小学堂、横县县立第一高级小学校发展而来的，有着三百多年历史。康熙二十九年（1690）邑人郭景仪在学校的现址上创办了郭公讲院，清康熙四十年（1701）知州柯宗仁建义学于驯象卫旧署，乾

隆十一年（1745）知州谢钟龄重修，增至学舍 10 间，题"秀林书院"。嘉庆六年（1801）广西巡抚谢启昆令知州杨学贻于院右建屋 3 间，后来有一段时间改名淮海书院，之后复名"秀林"。同治三十年（1893），知州赖宏与地方绅士会议，决定改建为师范讲习所。同治三十三年（1896）改为两等小学堂，民国间改建县立第一高级小学。1923 年 10 月设为县立初级中学，1929 年改建县立中学。至 1943 年 9 月始招高中并更名为 B 县县立中学，1950 年春与县中学、区中学合并，1958 年定名为 B 中学。

广西壮族自治区 B 中学是有着三百多年历史的广西壮族自治区示范性普通高中，是广西的教育品牌和示范高中。学校现有 45 个教学班，160 多位教职工，2 500 多名学生。校园面积 4 050 平方米，建筑面积 45 000 平方米。学校办学设施有教学大楼、文体大楼、饭堂大楼、科学馆、电教楼、教研楼、宿舍楼、塑胶田径运动场、校园网。学校积极探索推进素质教育和提高教育质量的有效途径，形成并确立了具有本校特色的"一本三自"办学思想，即坚持以学生健康发展为本，积极培养学生自觉学习的习惯、自我发展的能力和自强不息的精神。广西壮族自治区 B 中学知名校友遍神州，广西壮族自治区原副主席雷宇，全国作协原副主席、著名作家、《百鸟衣》的作者韦其麟，广西教育厅原厅长岳平，航天专家雷祖圣等的中学时代均在广西壮族自治区 B 中学度过。

第二节　课程安排

重庆市 A 中学和广西壮族自治区 B 中学属于典型的县中，因为位置偏远、经济落后等原因，与城市和发达地区的高中相比，这两所学校在生源、办学条件等方面都处于劣势，他们在前进的道路上遇到了许多问题。

一、不约而同的选择

在生源、师资和办学条件等方面都不占优势的情况，重庆市 A 中学和广西壮族自治区 B 中学没有像某些县中那样加班加点，而是不约而同地做出了相同的选择：减少课时，一周只上五天，并实行弹性坐班制度，所有年级都严格按照教育主管部门课程与课时标准排课，教师在双休日和法定假日一律不授课，教师用较少的时间，以有效的方式去完成教学任务。实行减负增效的措施，让师生有更多自主学习、自我发展的时间和空间，更全面地发展自己。

例 3-2-1　B 中学为了减负增效而制定的教学工作纲要。

教学工作纲要

一、提倡教师结合自身教学风格，深化课堂教学改革，提高教学时效

1. 鼓励教师根据自身的优势，形成不同的教学风格，如教学采用启发式、探讨式、自学与讨论相结合等。

2. 深化课堂教学改革，使教师的教育理念向自主意识转化。

3. 推崇学科的典型教学课例，如公开课、研究课、汇报课、优质课，加强教师的团队合作意识，提高教师的整体教学质量。

4. 加强对教师的教学检查，如抽查教师的教案、学生的作业，或对教师的教学进行问卷调查等。

二、积极开展课外辅导活动，提高第二课堂的教学时效

1. 安排各学科的晚自习下班辅导（"门诊"辅导），教师帮助学生答疑，听取学生反馈意见，实现师生沟通。

2. 根据学生的特点、要求，学校决定双休日不排课，由各科开展不同形式的基础知识讲座，培优活动，知识竞赛讲座或英语角、太阳雨等活动，不断培养学生的学习兴趣，提高学习效率。

3. 通过开展第二课堂活动，提高学生的实践能力。

三、提倡教师积极参与不同形式的培训活动，确保教师的教育教学理念得到不断提高

1. 每月召开一次教研组长月会，研究不同时期、不同阶段的学科教学特点及策略。

2. 教研组长每周组织本组教师开展一次科组教研活动，研究各年级各学科的教学问题。

3. 提倡教师积极参与各种继续教育培训活动，如研究生班学习、普通话培训、到先进地区的兄弟学校学习、请外地的教育专家来校讲学等活动，让教师不断充电。

4. 提倡教师利用现有资源（如互联网等），编写不同年级学科、不同阶段的资料，提高教师的编题能力。

5. 鼓励教师做好不同阶段的教学总结、撰写相关教学论文。

二、减负增效的思考

这两所学校之所以能够和敢于做出减负增效，实行弹性坐班制度，一周只上五天课的决定，增加学生自主学习的时间，是基于以下几点考虑的。

（一）有利于培养学生的自律习惯

地处农村地区的学校里的教师为了让学生考上一所理想的大学而努力地教，学生也为此而努力地学，但是，教育的目的不是培养学习机器，学校绝不能以学生的身心健康为代价去片面追求考试的"高成绩"，事实证明依靠加班加点的方式去提高"考试和升学"成绩，势必走进应试教育的死胡同。高中的学生是经过中考选择的，他们各方面已具备良好的知识基础，能够进行自觉学习。而且自觉性是高中学生进一步发展的基础，所以，让学生逐渐养成自觉、自律的习惯，应成为学校教育的当务之急。

（二）有利于提升学生的自学能力

班级授课制，特别是大班的授课，不可避免地会影响到教师提供给每一个学生的适合的教育，从而影响到学生的发展。减少课时、一周只上五天有利于培养学生的自觉学习习惯和自我发展能力。减少课时，一周只上五天，教师的授课时间少了，学生自己思考的时间多了，产生的问题也就多了，有利于培养学生的问题意识；学生有了更多自主学习、自我发展各种能力的时间和空间，就可以学到自己想学的东西，做自己感兴趣的事情；学生可以支配的时间增多，就可以自主去感受课堂或课本外独特新颖的信息，拓展学习的视野与交往活动的空间，诱发学习的动力与创造的灵感，从而促进学生从"要我学"向"我要学"的转变。若达到了这样的境界，学生会乐此不疲地学习，学生的学习也会更加自觉，学生也会更加自信。

（三）有利于提高教师的教学效能

授课时间减少了，就要求教师必须给学生以足够的支持，帮助学生选择全面而又精要的信息，尽可能减轻学生不必要的学习负担。这就促使教师把课备得更深更透一点，把每一节课组织得更科学一些，也有利于提高教师的课堂教学质量；集中授课的时间减少了，教师就必须强化辅导这个关键的环节，并有更多的时间有针对性地进行辅导，以满足学生个性发展与个性化学习的需要；授课时间减少了，就要求教师想办法提高课堂教学、资料使用和课外辅导的有效性，增强教师的教育科研意识，并能够给教师提供更多的教育科研时间。

第三节 令人满意的教学质量

A 中学和 B 中学 10 年来的实践证明，一周只上五天，按照减负增效的思路组织教育教学活动，学生的学习更自觉，教师的业务能力更强，学校的风气更优良，办学质量更高。A 中学和 B 中学无论是高考还是其他方面都取得了令人满意的教学质量。

一、川东名校

A 中学在 20 世纪初就是巴蜀闻名的"川东名校"，多年来，A 中学传承着"知国家大事尚可为也，得天下英才而教育之"的办学宏愿，注重教学质量与学生素质同步提高，年年获得教育教学质量"先进单位"。1999—2008 年，A 中学高考统招上线总人数稳居江津区第二。其中，2003 年和 2004 年，高考统招上线总人数保持江津区第一。2005 年以来，A 中学每年考上大学的人数都超过千人，升学率都在 90% 以上，其中重点、本科上线率高达 70%。2008 年，A 中学高考总上线 1 402 人，上线率高达 90.3%，超出江津区平均上线率 10 个百分点，超出重庆市平均招生比例 30 个百分点。总上线人数比上年增加了 52 人，总上线率增加了 6.8 个百分点，上重点人数为 80 人，比上年增加了 10 人，上本科以上人数为 694 人，比上年增加了 165 人，不管是升学率还是上重点和本科的人数均远远超过江津的同类学校。1999—2008 年 A 中学高考升学情况见表 3-3-1。

表 3-3-1 A 中学 1999—2008 年高考升学统计

年度	1999	2000	2001	2002	2003	2004	2005	2006	2007	2008
上线人数	266	352	583	753	840	972	1184	1358	1350	1402
百分比	36.8%	52.3%	85%	92%	92%	87.9%	81.1%	83.4%	83.5%	90.3%

目前，A 中学已经被评为重庆市级"文明单位""市容整洁单位""文明礼仪示范学校""园林式单位""绿色学校"。近几年，学校获市、县级先进达 50 多次，学生在各种竞赛中有 29 人获全国级奖，159 人获省市级奖，杰出人物有周光召、邓若曾、邓焕曾、吴芳吉等。冯玉祥、陈独秀、梁漱溟、文幼章等慕名前来讲学、游历，也留下不少珍贵文物，至今校园内还有冯玉祥、陈独秀、郭沫若、于右任、周光召等很多名人的墨宝石刻。20 世纪 80 年代以来，A 中学的办学成就受到中央、省、市各类媒体宣传报道达 50 余次，成为全市教育界盛名远扬的典范。

二、优质高中

多年来，B 中学教学成绩硕果累累，教学质量稳步提高，教育教学质量闻名遐迩，是县内外初中毕业生及其家长普遍看好的学校。B 中学全区毕业会考一次合格率每年保持在 97.0% 以上，最高达 99.3%。根据广西壮族自治区考试院的高考白皮书数据显示，1999 年至今，B 中学高考总分年年有超过 600 分的优秀考生。2001 年、2002 年和 2003 年，B 中学高考上本科线总人数分别排广西第 13 名、第 10 名和第 12 名，并曾经一度跃入前 10 名。2004 届会考 9 个科目全部 A 级 15 人、8A 级 39 人、7A 级 57 人，取得了较大的成功。2004 年，B 中学的高考上线率第一次进入广西前 20 名，915 名考生 695 人上本科线，本科上线率为 76.2%，位列广西第 19 位，南宁市第 4 名。

1995 年以来，B 中学先后两次进行了扩招，虽然班级不断增多，学生人数也不断增加，但是，教学质量不断提升。2005 年，B 中学成功实现"扩大招生与提升质量并行"的目标，扩招后第一届学生高考取得历史性突破——本科上线 1 071 人（其中上一本线 229 人，有 91 名考生高考总分在 600 分以上），本科上线总人数排广西第五位，学校也因此荣获"南宁市高中毕业班工作成绩优秀奖"。2006 年，B 中学 1 373 人参加高考，上重点线 179 人，上二本线以上 743 人，上三本线以上 1 145 人，本科上线率为 83.4%。2007 年，B 中学 1 279 人参加高考，1 272 人上了大专线以上。文科最高分 610 分，理科最高分 630 分，600 分以上的有 12 人。上重点线 159 人，上二本线以上 698 人，上三本线以上 1 067 人，本科上线率达到 83.4%。1999—2008 年 B 中学高考升学情况见表 3-3-2。

表 3-3-2　B 中学 1999—2008 年高考升学统计

年度	1999	2000	2001	2002	2003	2004	2005	2006	2007	2008
上线人数	275	332	390	479	444	1070	1071	1145	1064	1098
百分比	29.6%	34.3%	39.7%	44.9%	42.9%	81.9%	81.8%	83.4%	83.4%	84.3%

近年来，B 中学被评为全国"勤工俭学先进单位""学校卫生工作先进单位"，全区"文明单位""中小学德育工作先进集体"、南宁市"师德先进集体""教育科研先进集体"。还被教育部、自治区教育厅分别确定为全国"现代教育技术实验学校"，全区首批"计算机网络建设实验学校"。

第四节　保证教学质量的措施

授课时间减少，教学成绩反而不断提高，这在很大程度上归功于学校所采取的提高教学质量的措施。为了充分发挥管理所带来的效能，学校采取恰当的措施，减少管理的中间环节，充分保证学校的各项措施在贯彻和实施的过程中产生最小的"磨损"，这一点在 B 中学表现得更为明显。B 中学虽然规模很大，有 45 个教学班，160 多位教职工，2500 多名学生。但是学校不设年级主任，实行副校长直接领导年级，负责处理年级的事务，主持年级的工作。虽然 A 中学和 B 中学两所学校在提高教学质量的措施方面各有千秋，也涉及学校管理和学生管理等方方面面，但是据田野调查的情况来看，其通过促进教师专业发展来提升教师的教学效能无疑是其最主要的方面。

一、优质的师资队伍

A 中学和 B 中学都把师资队伍建设作为提高教学质量的重要措施。A 中学和 B 中学最引人注意的就是教师的高素质，尽管地处偏远农村，但是教师的水平之高出乎意料，可与占据天时地利的城区学校的师资相比拟。

重庆市 A 中学有在职教职员工近 300 人，其中专职教师 220 人，中学中、高级教师 126 人，占教师总数的 57.3%。特级教师 2 人，国家级、重庆市级骨干教师 8 人，江津区级学科带头人和骨干教师 21 人，江津直属校级骨干教师 30 人，教师公开发表或获重庆市级奖的文章共 80 篇，获江津市级奖的有 190 多篇。重庆市 A 中学专职任课教师基本情况如表 3-4-1 所示。

表 3-4-1　重庆市 A 中学专职任课教师基本情况统计表

项目	教师情况
性别结构	男：116；女：104
年龄结构	20～25 岁：14；26～30 岁：86；31～35 岁：42；36～40 岁：36；41 岁及以上：42
教龄结构	1～5 年：86；6～10 年：44；11～15 年：30；16～20 年：34；21 年以上：26
学历结构	中专：0；专科：6；本科：214；研究生：0；其他：0
职称结构	中学三级：0；中学二级：90；中学一级：67；中学高级：59；其他：4
学科结构	语文：46；数学：42；英语：37；物理：23；化学：18；政治：16；生物：11；历史：11；地理：12；其他：4
班主任	是（统计时在岗）：69；否（统计时不在岗）：151

　　B 中学共有教师 164 人，其中高级教师 47 人，中级职称的教师 47 人，中高级教师占教师总数的 57.3%。B 中学有全国优秀教师 1 人，全国先进女职工 1 人，特级教师 3 人，3 人入选全国中小学骨干教师培养对象，有 5 人接受了骨干教师（校长）国家级培训，8 人接受了广西"21 世纪园丁工程"A 类、B 类培训，2 人入选"西部地区人才培养特别项目"国家公派留学对象，20 多人被评为县学科带头人和教学骨干。广西壮族自治区 B 中学专职任课教师基本情况如表 3-4-2 所示。

表 3-4-2　广西壮族自治区 B 中学专职任课教师基本情况统计表

项目	教师情况
性别结构	男：73；女：91
年龄结构	20～25 岁：22；26～30 岁：42；31～35 岁：30；36～40 岁：24；41 岁及以上：46
教龄结构	1～5 年：57；6～10 年：24；11～15 年：21；16～20 年：25；21 年以上：37
学历结构	中专：0；专科：3；本科：138；研究生：23；其他：0
职称结构	中学三级：0；中学二级：45；中学一级：47；中学高级：47；其他：25
学科结构	语文：29；数学：30；英语：23；物理：19；化学：18；政治：8；生物：8；历史：7；地理：6；其他：16
班主任	是（统计时在岗）：56；否（统计时不在岗）：108

例 3-4-1　B 中学教师们获得的荣誉

全国优秀教师：蒙建平　全国先进女职工：韦萍

特级教师：刘振宇、雷剑耀、韦萍

自治区师德先进个人：陆宏宜

自治区优秀教师：杨镇宏、陈国樑、蒙建平

自治区优秀教育工作者：周光相

自治区工会先进工作者：莫耀津

骨干教师国家级培养对象：覃始学、雷剑耀、韦萍

骨干校长国家级培养对象：周光相

广西"21 世纪园丁工程"A 类培养对象：周辉练、林妙明、金培锋、韦建、莫辉琼

广西"21 世纪园丁工程"B 类培养对象：蒙建平、雷剑耀、韦萍

"西部地区人才培养特别项目"公派留学对象：陈纺、康德荣

南宁地区优秀青年科技人才：雷剑耀

南宁市劳动模范：周光相

南宁地区优秀教育工作者：黄才润、周光相

南宁地区优秀教师：韦建、林妙明、周标、金培锋、覃始学、刘振宇

南宁地区优秀班主任：廖德遂

南宁地区优秀中青年教师：蒙秋成

南宁地区优秀共产党员：周光相，莫耀津

南宁地区优秀校长：周光相

南宁地区优秀共青团干部：黄为强

南宁地区普法先进工作者：黄为强

南宁地区先进支教队员：黄为强

南宁市优秀教师：周辉练

南宁市优秀班主任：黄红东

南宁市优秀教育工作者：黄为强

南宁市优秀教师：梁有达

南宁市先进工作者：陈秀莲

二、提升教师教学效能的措施

（一）亲情化管理

A 中学和 B 中学都地处农村，学校条件落后，信息闭塞，让许多过惯了优裕校园生活的大学毕业生无所适从。因此，A 中学和 B 中学注重管理的人性化，施行"三分管理，七分亲情"的人性化管理措施，重视与教师的情感交流，给予教师关怀和体贴。教师住房问题，夫妻两地分居的问题，中年教师子女的教育问题，老年教师子女的就业问题等，学校领导都悉心帮助解决。A 中学多渠道集资，尽量完善住房、天然气、自来水、电、直拨电话、闭路电视、宽带上网等生活设施，减少城乡的差别；而且吸引了许多人到学校周边开设书店、文具店、电话超市、菜市、肉铺等，这样既满足了师生的消费需求，价格又相对便宜，师生受益多多；最大限度地满足教师的生活、工作和娱乐需求，让高学历、有水平的年轻大学生安心在此工作。同时，学校实行教师弹性坐班制度，教师在完成教学工作之余，有一定的买菜、做饭等做家务的时间。

（二）培养青年教师

地处农村的 A 中学和 B 中学的教师队伍基本上是属于"自己培养，自己使用"的格局，A 中学在职在岗的教师中，35 岁以下的青年教师占教师总数的

60% 以上，因此，青年教师的培养对于保证学校的教学质量有着重要的意义。为了让这部分青年教师能快速成为学校教学中的中流砥柱，两所学校在青年教师师资队伍培养上下足了功夫。通过"师徒结对"、集体备课和校本培训等活动，形成了青年教师教学"一年入格、三年合格、五年升格、七年风格"的青年教师培养模式，年轻教师成长得很快。目前，A 中学一部分青年教师已经成长为重庆市、江津区的知名教师、骨干教师和学科带头人。自 2005 年以来，A 中学有 12 位青年教师先后荣获重庆市、江津区级优质课评选说课、赛课一等奖。B 中学把握住了教师发展的几个关口：聘用关——对新进的教师，严格按招聘条件全面考察品德与才识，并特别注重其发展性；入门关——对新进教师，第一年不能当班主任，必须跟班学习，了解学校的班级管理常规和学科教学的基本要求，奠定进一步发展的基础；合格关——学校鼓励教师在班级管理和学科教学两方面勇挑重担，让教师尽快成为能独当一面的合格教师。成熟关——有计划选派教师到发达地区和先进学校考察学习，并将考察心得进行交流，共享经验，拓宽教师视野，提高教师素质和水平。

（三）实施集体备课

A 中学和 B 中学结合青年教师培养和提升质量的要求，实施集体备课制度。A 中学要求各学科备课组每周至少一次的定时间、定地点、定内容和定中心发言人的集体备课，统一教学进度，明确教学重难点，研讨教改措施，共同讨论确定教材的处理意见，教学环节的设计，最终确定最优的教学方案。B 中学每周组织教师开展一次科组教研活动，研究各年级各学科的教学问题，每周三的下午最后两节课的时间都是教师集体备课的时间，内容包括教师外出学习的汇报和体会、中心发言和教师讨论等。

（四）进行教师赛课

A 中学和 B 中学实行教师赛课制度，促进教师在课堂教学艺术上的快速成长和成熟。为加快教师尤其是青年教师成长和成熟的进程，A 中学教科处开展"合格课—优质课—示范课"的岗位能手竞赛，并定期开展"青年教师示范课""老教师优质课展示""新老教师教学经验交流""教师基本功大赛"等教学交流活动，广泛开展校内切磋。A 中学开展了"五个一"活动，强化校本教研的赛课制度，要求每位教师每期至少命制一份高质量的试卷，撰写一篇教研论文，上一节研讨课，评一节课并写出评课意见，交一本读书笔记，并对五项活动进行登记、量化评估，给予物质奖励。B 中学每月召开一次教研组长月会，研究不同时期、不同阶段的学科教学特点及策略。科研处每月召集一次课题组的教育教学研讨会，与会教师结合教学实际研讨教改成果，交流教改心得。学校还组织了"多媒体优质课竞赛""论文竞赛""拔尖扶中帮困写论文竞赛"和"校园网网页制作竞赛"等多种形式的教育科研竞赛活动。

（五）开展校本培训

A中学不定期邀请教授、专家和先进学校的领导到校讲学，先后聘请了西南大学教科所张大钧教授、重庆市教科院胡方研究员等专家为全校教师进行了教育科研方法、课程改革等方面的专题讲座，让老师们从更高和更广的角度了解教育发展的最新信息和发展趋势。同时A中学还充分发挥学校的骨干教师的作用，为教师开设高考改革、研究性学习、教学技能、新课程等专题讲座。A中学每年都采取分散与集中、讲座与自学相结合的形式，开展教师"三字一话"等基本功培训活动。

为促使教师确立先进的教育理念，B中学通过举办研讨课、理论培训班、学校开放日与参观交流等方式，请专家到校讲学，取得专家、学者对学校教育科研工作的指导与帮助。并与国内许多专家、学者和教育研究机构建立起长期的工作联系。学校发给教师每人一套宋书文、梁全进主编的《现代教育学》，组织全校教师学习《教师教育科研方法讲座》和《教师充电锦囊》丛书。要求教师（尤其是中青年教师）每学年至少自学一本教育教学理论著作，上交学习笔记或学习心得，并将此项内容与《B中学教师专业发展促进办法》和优秀教研组评选直接挂钩。学校每年还拨出专款给教职工每人订阅一份理论学习刊物。学校规定，各学科组在每周的科组活动中，至少学习一篇教学科研方面的文章。学校还先后组织多次教育理论学习与教学改革大讨论。A中学和B中学都建立了"教师成长记录袋"，记录教师在日常教育教学、科研方面的点滴经验，追踪教育教学的成绩，量化、细化教师的业绩，记录教师的培训和教师成长的经历和所取得的成果和荣誉，帮助教师及时总结教育教学经验与教训，提高教育教学效果。

（六）教学和学习效能分析

A中学和B中学每次考试过后，不但每位教师要对自己所任教班级整体情况和学生个体的学习情况进行教学效能分析，学校还组织两次大型的学生学习效能分析会。教学效能分析会分为理科组和文科组教学效能分析会。在教师的教学效能分析会之后，是各个年级的学生学习效能分析会。

调研期间我们多次参加了这样的教学效能和学习效能分析会。在B中学组织的文科组教学效能分析会上，首先是文科组长宣布本次效能分析会的议程和

分析重点，然后是班主任、教研组长、任课教师先后发言，最后是文科组长总结，并提出下阶段的目标和重点；在 B 中学组织的高二和高三年级的学生学习效能分析会上，分管该年级的副校长首先对前一段时间的学生学习情况进行总结，然后对前阶段学生学习中出现的问题进行分析，最后是说明下阶段学生学习注意的问题，其中有很多鼓舞学生士气的例子。以上的教学效能和学习效能分析都相当务实和到位，为前一阶段的教师教学和学生学习提供了有效的反思，为后一阶段的教师教学和学生学习指明了方向。

（七）培养自主意识

A 中学和 B 中学实行减负增效的另一措施，就是注重学生自主发展能力的培养。从学生入校后就开始这方面的引导，让学生逐渐养成良好的学习和生活习惯，能够自觉调节好学习、锻炼和休息时间，提高学习效率。

A 中学的办学理念是"让每个学生都学会自主学习"，并由此形成了"志不求易，事不避难"的校训，铸就了"崇德、笃学、勤思、力行"的校风和"知学、好学、乐学、成学"的学风以及"视学生为己出、视教育为己任、视自己为专家"的教风，形成了"求实、进取、团结、吃苦"的学校精神。B 中学坚持以学生健康发展为本，积极培养学生自觉学习习惯、自我发展能力和自强不息精神，形成了具有本校特色、逐级递进的"一本三自"办学思想。"一本"即以学生健康发展为本，这是全面贯彻国家的教育方针，使学生在德智体诸方面获得和谐发展的根本要求。"三自"就是培养学生自觉学习习惯、自我发展能力和自强不息精神，这是学校更高的发展目标。学生的主流是积极向上的，他们愿意学习并希望成功。因此，在培养学生"三自"的过程中，学校先从培养学生自觉学习习惯开始。自我发展的能力是每个学生全面发展的基础，学校应为学生提供必要的时空环境，并指导学生培养自我发展能力。作为学校教育的一个较高层次的目标，教育要做到让学生保持一种积极向上、自强不息的状态。因此，学校把培养学生自强不息精神作为"三自"的最高追求。

（八）开展学法指导

为了提高学习效率，A 中学和 B 中学利用各种途径和形式进行学习方法的指导。A 中学各科开展不同形式的基础知识讲座、培优活动、知识竞赛讲座或英语角、太阳雨等活动，不断培养学生的学习兴趣。学校的楼厅里、墙壁上都有指导学生学习方法的专栏。B 中学把自习还给学生，学生自习期间教师不能进入教室，更不能讲课。学习什么内容，怎样学习完全由学生做主，让学生自主学习，成为学习的主人。为此，B 中学实行"门诊"辅导，在每间教室外面专门放置了可以折叠的教师辅导桌椅，供教师答疑，听取学生意见，或师生沟通时使用。

在目前的教育改革的大背景下，在生源、师资和经费都不占优势的情况下，重庆市 A 中学和广西壮族自治区 B 中学依靠教师专业发展措施，确保教师教学效能，并取得了较高的教学成绩，走出了一条和其他学校不同的道路。从这份调研报告中我们可以看到，不同于许多县中三天一小测、五天一大测到月考以及大课量、填鸭式、增加晚自习、周末和寒暑假补课的县中应试教育模式，这两所县中通过自身长期的改革实践，呈现了县中的另一种发展方式。集中体现在三个方面：一是实现科学和人性的学校管理制度，二是创建有效的教师专业发展的制度和措施，三是坚持学生自主学习和自我发展的办学思想。由此，在这两所县中的发展中，不仅没有在五天之外增加教学量，而且实现了整合教师专业发展、推进教育信息化等改革措施，以提高教师的教学效能的追求，同时也提高了学生的学业成绩。事实充分证明，学生学业成绩的提高不是应试教学的专利。同时证明，县中完全可以采用不同于人们习惯印象中的另一种发展方式。这种教得有效、学得愉快、考得满意的县中模式中的教师教学效能研究，对于解决当前教育改革中大量存在的"素质教育轰轰烈烈，应试教育扎扎实实"现象提供了新的注脚。

目前，减负增效，缩短授课时间，把高成绩的取得建立在遵循师生身心发展规律、发挥师生特长，丰满师生个性的基础上的做法已经在许多学校展开。笔者在重庆市 A 中学调研时也了解到，近年来，A 中学为了保持学生学习的高效率，也大胆地改变原来超负荷高强度的做法，让学生中午在教室集体午休一小时，使学生下午能够有旺盛的精力进行学习。晚饭是一天中学生和父母进行交流的最佳时间，A 中学下午 4：30 按时放学，让学生利用晚饭的时间和父母进行交流。减负增效，缩短授课时间所带来的成效在杨家坪中学所取得的成绩中也找到了诠释：该校 2008 年高考上线率超过全市平均水平近 30 个百分点，在国家级、市级等各项比赛中学校乒乓球队共获 70 余枚金牌，2008 年全国"阿迪达斯"绿茵足球联赛中该校足球队获得重庆赛区冠军……学生在校最多的时间是在课堂上，课堂的质量主宰着教育的质量。因此，教育质量的提高应当以课堂为主要阵地，不断改进课堂教学，最大限度地提高课堂教学的效率，最大限度地利用好有效的教学时间。在学校管理方面，推行完整科学的课业安排计划，辅之以人性化的管理等，探索适合素质教育的模式。可以说，让教师乐教，学生乐学，才是目前教育界必须面对的素质教育变革。

当然，实施素质教育并不是不关注学生的学业成绩，推进素质教育，理所

当然地也包括提高学生的学业成绩。关键问题是，在教育教学中，我们似乎只会做加法而不会做减法。打个比方，学校推行素质教育改革，不是 1+1=2 的简单做法，而是改革项目的优化与整合，这种教育改革的优化与整合，在量上要小于 2，在质上要大于 2。

当问及如何看待和处理高考与素质教育的关系时，B 中学的校长说："重点高中当然要看重高考，高考成绩上不去，学校的声誉必然受影响。可是我们不一定只盯住高考，真正把素质教育这棵大树培植得枝繁叶茂了，并能让学生自觉高效率地学习，我想就不用担心高考成绩会掉下来，而且我们收获的果实还远不止高考成绩这耀眼的一串！"这段话听起来平实，却值得深思。

更富有借鉴意义的是，他们的改革探索涉及了诸如教学效能与减负增效的关系、教育教学理念与教学实践变革的关系、教师专业发展与教学方法改变的关系、校本教学科研与教学技能提高的关系，以及现代教育技术与课堂教学整合的关系等一系列当前如何推进素质教育深入发展的关键问题及其多样化的解决方案，为素质教育提供了成功的范例。因此，一星期只上五天课并不是形式上的改革，重点在于他们对于素质教育的深刻理解而体现出的极富勇气的改革精神和实践内涵。

从这种意义上可以说，他们是素质教育变革中真正的英雄！

第四章 优秀教师专业发展的历程

　　教师教学实践必须以教师知识为基础，已有的许多研究发现教师的专业发展和提升课堂教学效能是相互支撑、紧密相关、共生共存的密切关系。威尔（Well）和安德森（Anderson）认为教师参与在职进修活动，不仅可以提升教师的教育程度，也可以使教师精通大部分的媒体设备，在教学方面帮助良多，对教学质量的提升具有影响作用。多数研究结果显示，参加在职进修活动可以增进教师教学效能。卡士图（Casto）在研究有关专业成长与教学效能的关系时认为，一般而言，有关在职教育与改善学生表现方面，已经进行的研究似乎可以支持两者间有积极的相关。白斌和雷鸣老师在教师专业发展方面都有着难忘的心路历程，他们不但在大学期间获得了诸多教师知识，而且在大学毕业后，他们还参加了多次培训，这些培训有效地拓展了他们为学生提供学习资料和学习方法的能力，帮助他们不断地生成教师知识。教师知识的一个重要功能就在于让课程内容与教学过程对学生来说具有教育价值与意义，[①] 白斌和雷鸣老师专业发展所获得的教师知识，实际上也影响着他们的教学效能，促进了他们教学质量的提升。

第一节 成长历程追忆

一、大山深处的眷恋——白斌老师的成长历程

　　在重庆市 A 中学的优美的校园里，师生们常见一位精力旺盛、行动敏捷的中年教师，他穿梭于教室、办公室、运动场、学生寝室等。他总是忙碌不停，好像总有做不完的事。他就是故事的主人公——重庆市 A 中学高级教师白斌老师。对白斌老师教师专业发展历程的访谈是在他的办公室里进行的。

---

① 杨明全 . 教师知识：来自实践的智慧 [N]. 中国教育报，2004-1-20.

1968 年 4 月白斌出生于重庆市江津区石蟆镇，他的父母都是农民。1976 年 9 月，白斌就读于重庆市江津区石蟆镇九文小学，在那里度过了他难忘的童年。1981 年就读于重庆市江津八中，1986 年 9 月考取四川师范大学数学系，于 1990 年 7 月毕业，获理学学士学位。1990 年 7 月白斌到重庆市 A 中学任教。在白斌 16 岁时，父亲去世，家里生活比较艰难。白斌老师有一个弟弟和一个妹妹，现在都在外面打工，弟弟在阿尔及利亚，妈妈在帮弟弟带小孩，妈妈在北京的时间较多，白斌很少有时间探望妈妈，只能通过电话和妈妈聊天。

从开始工作起白老师就做班主任，4 年之后，白斌老师就开始教高三毕业班，从 2004 年到 2008 年他一直从事毕业班的教学工作，并曾经担任重庆市 A 中学数学教研组长、江津区高三中心备课组成员、A 中学教科室主任。目前，他是数学高级教师、重庆市骨干教师、重庆市优秀教研组长、江津高三教育教学先进个人、江津学科带头人、江津先进教育工作者、江津教育科研先进个人。曾连续任教 15 届高三毕业班的数学课，任教三届 A 中学实验班的数学课程，有 10 年担任班主任工作。作为学校的教科室主任，白斌参加了很多培训，主要是教育科研方面的培训。2000 年白斌还参加了研究生课程进修班，后来又参加了全国的骨干教师培训，当时因为校长有事去不了，让他去顶替，后来因为校长的身体不好，白斌就一直参加了下去。

例 4-1-1　白斌老师档案

白斌，男，1968 年 4 月生于重庆市江津区石蟆镇，1990 年 7 月毕业于四川师范大学数学系，获理学学士学位，同年 7 月到重庆市江津 A 中学任教。1997 年 9 月起担任 A 中学数学教研组长，江津区高三中心备课组成员，2004 年 9 月起担任 A 中学教科副主任。2002 年 12 月被评为中学高级教师。2000 年 5 月加入中国共产党，2003 年 9 月起任中共 A 中学总支第一支部书记。从 1994 年教第一届高三毕业班算起，至今已连续任教 15 届高三毕业班的数学课，任教三届 A 中学实验班的数学课，工作期间有 10 年担任班主任工作。

获得的表彰和荣誉称号：

1995、1997、1999、2002、2005 级"江津市高三教育教学先进个人"；

1998 年教师节被评为"重庆市优秀教师"；

2002—2005 年期间被评为江津市学科带头人；

2006 年被被评为全国科研型骨干教师，被表彰为"江津市'十五'期间教师教育工作先进教育工作者"；

2007 年被评为重庆市骨干教师，重庆市优秀教研组长；

2008 年 3 月被评为 2004—2007 年江津区教育科研先进个人；

2008 年 7 月被评为江津区教委优秀共产党员。

参加的科研主要课题及获奖情况：

主持研究的课题"中学生心理问题类型特征及教育干预研究"获重庆市第三届教育科研优秀成果三等奖；

主持研究的课题"提高课堂效率与培养学生的创新能力的途径研究"，获江津区第三届教育科研优秀成果二等奖；

主持研究的课题"面向高中学生的数学网络主题资源网站的建设和应用研究"获中央电教馆和美国 WORLDLINKS 组织颁发的优秀子课题奖；

参与研究的课题"运用 MINIQUEST 开展研究性学习的研究"（重庆市规划办课题）和"中学生心理健康社会工作现状分析及管理体系研究"（国家社科基金课题一级子课题）。

发表和获奖的论文：

《关于 GX 实验的学习方法》发表在《教育科研》2001 年第 8 期；

《点在圆锥曲线内部及其应用》发表在《教育科研》2005 年第 5 期；

《虚拟的考察旅行》发表在《信息技术教育》2005 年第 6 期；

《在生活中学习数学》发表在《信息技术教育》2005 年第 11 期；

《面向高中学生的数学网络主题资源网站的建设和应用研究》《浅谈数学史在中学数学教育中的应用》《运用 MiniQuest 开展探究式学习》《尝试策略》等论文获重庆市或江津区级奖励。

参加编写的校本资料：

《直击高考》（数学科）；《高中数学三百问》。

在江津区级及以上交流的文章：

《高三数学复习的几点体会》（2005 年 3 月）；

《新课程标准下初中数学教学体现素质教育的要求的思考》（2006 年 12 月）；

《也谈数学知识的复习》（2007 年 3 月）；

《也谈数学知识的学习与教学策略》（2007 年 12 月，2008 年 6 月获重庆市数学专业委员会颁发的二等奖）

其他奖励：

作品"圆锥曲线的截面教学仪"获江津市中小学生实践教学成果作品类二等奖；主持建设的网站获第五届全国中小学信息技术创新与实践活动重庆市主题网站二等奖（2007 年 7 月）。

后来白斌老师被调往重庆市区的一所中学。白斌老师在新的学校工作很忙，

带了三个班的数学课，担任了一个班的班主任，城区的学生很活跃，不愿意主动学习，学习习惯也不是很好，上课也出现一些玩手机等的现象，学生吃苦的精神很差，所以白老师用在学生管理上的时间非常多，和在 A 中学的时候工作特点相差很大。

二、走出围墙——雷鸣老师的成长历程

雷鸣老师是广西壮族自治区政治学科特级教师，B 中学科研室主任，雷老师说话非常有条理性，也很健谈，我们从学校文化聊到师生关系，再谈到教师的精神追求和物质追求，雷鸣老师谈到了自己的人生观。他认为，作为自然人来说，人应该享受生活的快乐，但是作为社会人来说，人要承担一定的社会责任，自古以来我们就强调"修身，齐家，治国，平天下"，我们都具有自然人与社会人的属性，只有在各自的岗位上踏实工作，在为国家为社会做贡献的同时，提升自己生活的幸福指数，我们生活的才有价值，有意义。雷鸣的生活态度和别人的不一样，他追求清净和自由，很多人批评他"上进心"不够，从 1999 年开始，每年都有机会到市区去，但是他没去。他不是不喜欢在大城市工作，他只是觉得在这里的生活比较安逸，生活空间比较大。

雷鸣 1964 年 10 月出生于横县平马快龙镇，1975 年 9 月就读于横县平马快龙中学，1977 年 9 月就读于横县莲塘中学，1979 年 2 月就读于 B 中学，1981 年 9 月考取广西师范学院思想政治教育专业。1985 年 7 月毕业后，来到广西壮族自治区 B 中学从事政治学科的教学工作，一直在广西壮族自治区 B 中学工作到现在。

雷鸣刚来到 B 中学的时候，每个年级只有 6 个班，3 个年级 18 个班，教师 20 多人。1993 年雷鸣被评为中学一级教师，1998 年他被评为中学高级教师，1991—2000 年期间，雷老师一直担任毕业班的班主任。1999 年雷老师担任了教务处主任，2002—2005 年雷鸣又担任了政教处主任，2005—2007 年雷鸣担任了学校办公室主任，2007 年 9 月份到现在雷鸣担任了科研处主任。雷鸣担任教务处主任和学校办公室主任期间，还担任班主任的工作。雷鸣经历了学校的两次扩招，原来每个年级有 6 个班，到 1995 年扩增到每个年级 10 个班，2002 年又扩增到每个年级 15 个班。雷鸣认为学校做得很好的地方，或者说成功的地方就是实现了扩招与提高教学质量并行的目标，在扩招的同时，教学质量还能够得到提升，雷鸣认为这一点和他们学校比较早地成立了科研处，学校比较注重用教育科研来提升教育教学质量有很大的关系。雷鸣学校的科研机构成立得较早，1995 年学校就成立了教育教学科研处，至今已经有 20 多年了。

在1999年之前雷老师主要参加一些短期的研讨会之类的培训，在雷老师刚开始工作的时候，他参加了很多外出学习和培训活动。因为有一些老师年龄比较大，他们一般不愿意外出，加上当时工资也比较低，假若外出的话，花费也比较高，所以，有外出学习和培训之类的任务只要雷鸣愿意去，他们一般就让雷老师去。1999年雷鸣有了一个参加国家教委主办、北京师范大学承办的中学政治骨干教师进修班的机会。后来随着园丁工程的实施，1999年雷鸣又有机会参加了广西壮族自治区园丁工程培训，断断续续进行了5年的培训，后来通过竞聘，雷鸣又有机会参加了国家级的骨干教师培训。2001年到2002年，雷鸣又去北京师范大学参加了全国中学骨干教师国家级培训，进行了3个月的集中培训和后来断断续续的培训，到2002年雷鸣才参加了答辩。2003年因为雷鸣10多年的教学成绩和1999年以来参加的几次高水平的培训，雷鸣被评为广西壮族自治区特级教师。2007年雷鸣又去北京大学参加了培训。给雷鸣培训的都是高水平的教师，给雷鸣讲第一课的就是厉以宁，北大的党委书记闵维方和北大方正科技的老总分别给雷鸣上了一天的课，一批有名的教授一共给他们上了20多天的课。

雷鸣老师认为，能够参加一些高水平的培训对教学是有很大的作用的，但是因为教育的不确定性，加之受很多条件的限制，县中的生源、师资和办学条件都是很有限的，有很多东西没法去把握和下定论，只有在实践中加以内化，才可能表现在教学成绩上。雷鸣老师尝试着在教学的过程中去发现一些小的问题，然后思考它，并尝试着去解决它，一方面使自身的业务水平得到提高，另一方面也使得自己的教学成绩进一步提高。从学生方面来讲，也能够真正地在老师这里学到东西。在开始工作的前几年，雷鸣可以明显地感觉到教学成绩稳步提升，自从做了特级教师以后，雷鸣感觉到自己的教学成绩应该有更大的提升空间，一方面因为自己做了行政工作影响了对教学的精力投入。另一方面，学生的情况变化也很大，现在的学生的思想很活跃，接触面也很大，总感觉不能很好地去了解学生、把握学生。

最近几年雷鸣没有敢再写东西，他觉得往深层次去思考的话，有很多东西是没有把握的。小时候就听过"夜郎自大""坐井观天"的故事，成为一名教师后雷鸣也经常提醒和反思自己，但他还是不可避免地陷入自己所设置的一道道围墙之中，通过这些培训和学习，收获不少，感受和体会很多，而其中最重要的是使他发现并走出了围墙。走出了围墙，看到了前进的方向，尽管不知道自己能走多远，但雷老师说他会永不停息地走下去。

例 4-1-2　雷鸣老师档案

出生年月：1964 年 10 月

参加工作时间：1985 年 7 月

学历：本科

毕业院校及专业：广西师范学院，思想政治教育

入党时间：1993 年 9 月 16 日在 B 中学加入中国共产党

职称：中学高级教师

现任职务：B 中学科研处主任

社会兼职情况：

2000 年 11 月被聘任为南宁地区中小学教师系列高级专业技术资格评审委员会委员。

学习进修经历：

1999 年 10 月—2000 年 1 月，在北京师范大学全国中学政治骨干教师进修班学习；

1999 年 9 月—2004 年 4 月，在广西师范大学参加第一期广西"21 世纪园丁工程"B 类培训；

2001 年 10 月—2002 年 11 月，在北京师范大学参加全国中小学骨干教师国家级培训；

1999 年 9 月—2000 年 1 月，在北京师范大学参加全国中学思想政治课骨干教师进修班学习，获得结业证书；

2001 年 10 月—2002 年 11 月，在北京师范大学参加全国中小学骨干教师国家级培训，获得合格证（其中脱产学习 3 个月）；

2007 年 7—8 月，在北京大学参加南宁市教师专业发展高级研修班培训；

2007 年 12 月，在广西师范学院参加广西特级教师高级研修班培训。

荣誉称号：

2003 年 12 月，被评为广西壮族自治区政治学科特级教师；

1999 年 4 月，被评为南宁地区优秀青年科技人才；

1999 年 5 月，被评为县十大杰出青年；

2001 年 9 月，被评为县模范教师；

1993 年 9 月，被评为县优秀教师。

论文发表及获奖情况：

1997 年《高中思想政治课如何实施素质教育》发表于《南地教育》第 2 期；

1998 年《培养能力是思想政治课教学的关键》发表于《中学文科参考资料》；

2000 年《优化思想政治课堂教学要处理好两个关系》获得北京师范大学中学政治教育研究中心一等奖；

1990 年以来，带了 10 届高中毕业班，在高考中取得好成绩，得到同事和学生的好评，也得到了教育主管部门的充分肯定，多次担任全县政治科备课组长，多次在地区高考备考会上做专题发言；

7 次参加南宁地区高考模拟试卷政治科的命题，对全县和全地区的政治科教学和高考备考复习，提高备考质量起到了积极作用。

第二节　望山之巅的登山之路

白斌和雷鸣在他们各自的学校和当地教育界都有一定的声望，他们在各自的学科教学中都取得了优异的成绩，并且在各自的学科教学研究中都有建树，获得了很多奖励和荣誉。他们在教师专业发展中取得的成就在很大程度上归功于他们清晰的发展目标及由此采取的发展策略。

一、从哪里出发

白斌和雷鸣老师为了回答这个问题，做得最多的事情是对他们的专业发展现状进行分析。旨在分析提高教学质量的有效方法和发现当前教学中存在的问题，明确教师专业发展的努力方向，为日后教师专业发展的结果评价、反思总结提供参照标准。

很多教师往往把备课、上课、批改作业作为教师工作的主要任务，只要按时完成就行了，缺乏追求卓越的进取心。优秀教师的特点是其不仅具有渊博的专业知识、敬业乐教的工作态度，而且了解学生、对教学勤于反思，认为改进教学方法、追求教学效能的品质更为重要。白斌和雷鸣老师之所以优秀，就是因为他们把教学现状分析作为他们专业发展的切入点。

白斌老师在教师专业发展的过程中主要解决了如下几个问题：从哪里出发；走向哪里；如何从起点过渡到终点；为了走向终点应该选择什么样的条件；怎么知道自己已经达到了终点；达到终点的方法是否有效。雷鸣老师的现状分析主要内容包括教育理念、质量观念、教学过程、教学技术、教育科研、人际关系、师生关系、教学效果等诸多方面。他又从以下几个角度具体展开分析：有什么优势？有什么劣势？有什么机会？有什么威胁？白斌和雷鸣老师现状分析的更多的是外部的竞争环境和发展趋势，做到了利用外部环境，最大限度地发挥自身的优势，将自身的劣势降到最低限度。

优势和劣势是内部因素，是教师可以控制的；机会和威胁是外部因素，是教师不可以控制的。通过现状分析，教师不但能够对自己各方面的情况有一个清晰的印象，而且还清晰地知道自己处在什么地方，为目标的制定提供可靠的依据。

二、走向哪里

在此阶段，白斌和雷鸣老师解决的主要问题是专业发展目标的问题。自从1962年马杰提出行为目标之后，目标导向就被人们当作一种解决问题的有效方法。目标决定过程，目标决定方法，目标决定结果的测量和评价。因此，目标特别是具体的目标对行为的改进具有良好的作用。白斌和雷鸣的专业发展过程也是从他们开始任教时的彷徨和缺乏坚实稳固的权威地位和角色，到逐渐磨炼成长，再到稳健成熟、主动参与的过程。在白斌和雷鸣的教学实践中，他们根据自己起点的不同，制定了他们在适应期、扩充期、高原期、创造期和示范期等不同的发展阶段的不同发展目标（表4-2-1）。

表4-2-1　雷鸣老师发展阶段规划表

发展阶段	总体发展目标	具体发展目标
适应期	上好自己的课 成为合格教师	1. 了解学校的办学理念 2. 能够在老教师的帮助下，完成教学任务 3. 能够认真阅读相关学科教育理论文章 4. 能够把教材内容准确地呈现给学生 5. 能够使用计算机和实物投影 6. 能够协助班主任做好学生工作
扩充期	熟悉学生和教材，在学科教学中处于领先地位，成为技艺教师	1. 在教学中贯穿学校的办学理念 2. 选读教育学、心理学著作 3. 能够针对学生的差异，选取适当的教法 4. 能够运用计算机制作课件 5. 积极参加研修班，并发表自己的观点 6. 能够胜任班主任工作
高原期	熟悉教材和学科体系，成为教学能手	1. 对本职工作进行深入反思 2. 熟悉教育家或者心理学家的学说 3. 胜任教学工作，并在指导学科竞赛方面做出成绩 4. 积极参加学术活动，发表自己的观点 5. 能够运用一种计算软件 6. 担当一定的社会工作，历练品行

续表

发展阶段	总体发展目标	具体发展目标
创造期	最优秀的学科教师，具有很强的业务能力，成为学者教师	1. 对教育、教学有自己的理解和主张 2. 能够写出有一定理论水平的文章 3. 能够创造性地进行教学设计 4. 对反思中的问题进行研究 5. 能够熟练地运用多媒体 6. 能够指导他人进行班主任工作
示范期	具有全局观念，能够实施专业领导，成为专家教师	1. 独立撰写教育、教学专著，编写（译）校本教材 2. 能够结合教学顺利实现育人目标 3. 在教研中能够发挥主要作用 4. 能够指导青年教师进行课件的使用和设计 5. 能够胜任青年教师研修班的教学任务 6. 和新教师建立师徒关系

目标是行动的指南，只有建立在最近发展区内的，并且具有一定前瞻性的目标才能促进教师专业发展。因此，在深刻分析现状的基础上，制定既具有一定挑战性又能经过努力达到的发展目标是教师专业发展的一个重要环节。从白斌和雷鸣老师的专业发展历程中可以看出，他们在专业发展的过程中有着清晰的目标，他们能够针对所处情境与问题进行深入探究与了解，进而采取行动，将教师专业发展提升至意识的层次，并依据目标提出行动策略，将专业发展动力转化为专业发展行为，使教师在专业发展历程中逐渐发展和完善自己。

三、如何走向终点

解决白斌和雷鸣老师专业发展如何走向终点的问题，也就是怎样达到他们目标所在地的路径问题，因此，适当的策略对他们的专业发展是必需的。白斌和雷鸣老师经过现状分析，确定发展目标之后，他们从以下几个方面选择了走向终点的问题专业发展策略。

（一）利用外部环境，扩展发展空间

白斌和雷鸣老师认为，学校支持只是问题的一个方面，他们更多的是从教师自身的角度去考虑，强化自己的服务意识，保持思维的敏捷性，加强对学校政策的理解力和执行力，正确领会和执行领导决策；白斌和雷鸣老师经常检查自己的行动过程、工作要求和交流方式，看看它们是否和学校的发展环境一致，是否支持学校目标；白斌和雷鸣老师积极建言献策，发扬合作精神，开展与同

仁的交流与合作，从而有效地把自己的专业发展和学校发展有机地结合起来，最大限度地争取有利于教师发展的外部空间。

（二）引发内部需要，促进专业发展

白斌和雷鸣老师认为，能够真正做到教师专业发展的只有他们自己。白斌和雷鸣老师都承担着繁重的教育教学任务，脱产学习的机会也不是经常有，能用于学习的时间也有限，工学矛盾十分突出。白斌和雷鸣老师注重从他们自己的内部需要出发，积极参与学校和有关部门的活动，珍惜参加专题讲座、示范课、课题研讨、自学以及其他方式的学习机会，事先进行充分的准备，全身心地参与集体学习过程，深刻认识自身面临的难题或困惑的症结，并在这些活动中把一般的教育教学"理论知识"与他们个人的"实践性知识"加以整合，改进教学的成果。

（三）注重行动研究，引领专业发展

白斌和雷鸣老师觉得因为自身的理论素养等方面因素的影响，他们的科研受到一定条件的限制。但是他们在现状分析、目标制定、选择策略、结果评价和反思总结的每一个环节都要在科研人员的指导下进行，和科研人员一起去研究本校本班的实际情况，共同分析和解决工作过程中存在的问题。因此，他们的科研能够取得理想的效果，保证研究工作的实际意义。

四、是否达到了终点

教师专业发展的评价为确保教师专业发展能实现预期的目的提供了准则，具体来讲，教师专业发展能否实现的标准就是要看其评价结果。白斌和雷鸣老师要回答他们的专业发展是否达到了终点，就要对他们自己的专业发展实施评价。

白斌和雷鸣老师认为，教师专业发展的评价不是对自己过去的工作分等，而是为自己制定新的发展目标提供依据，为自己未来的专业发展提供发展条件和机会。在评价过程中，白斌和雷鸣老师把自己看作评价活动的积极参与者，积极主动地沟通协商，探讨交流，解决问题，改善教学。白斌和雷鸣老师对照教师现状分析表和发展阶段规划表对教师的教育理念、专业素养和教学设计等内隐的思想和外显的行为来逐项分析和检查专业发展的目标是否已经达到，如果达到了目标可以进行下一个目标，如果没有达到目标，那么他们会采取一些补救措施。除了白斌和雷鸣老师本人是评价的主体以外，他们还注重发动同事、学生、家长等人员共同参与，多渠道获得评价反馈信息。

五、方法是否有效

目前，系统反思已经成为教育理论和实践研究的热点问题之一，也成为学者所推崇的促进教师专业发展的有效方法，白斌和雷鸣老师也对他们自己的专业发展策略进行了反思。

白斌和雷鸣老师从以下几个方面对他们的教师专业发展进行了反思：如果已经达到了目标，他们就分析怎样才能更好地达到目标？教师做了什么？学生做了什么？意识到了什么？还有什么问题没有解决？是否得到了现实的发展？从实践中悟到了什么道理？这些切身体验能否与教学理论联系起来？如果没有达到目标，白斌和雷鸣老师就考虑现状分析是否正确，发展规划是否恰当，如果分析不恰当，则应该予以修正。如果现状分析正确，发展规划恰当，则应该重新考虑他们的发展策略和实施过程。

第三节 教师专业发展的旨归

随着我国教育改革的不断深入，教师专业发展也已经成为我国教育理论界研究的热点问题之一。虽然教师专业发展已经取得了很多研究成果，但是教师专业发展的理想与教师专业发展的现实之间的差距并没有必然地因此而缩小。一方面，在教师专业发展方面有的教师仍然凭借自己的已有经验，导致了教师专业发展的许多研究成果被束之高阁，无法与教师的实际密切联系；另一方面，教师又常常依靠固定的思维模式，认为教学似乎只需应用理论，将学者专家对教师专业发展的研究成果不假思索地应用。[1] 我国的教师专业发展研究还有许多有待探讨的问题。

在我们调研的过程中，白斌和雷鸣老师尽管在教师专业发展方面已经取得了较好的成果，但是他们也坦率地承认，他们依然在专业发展理论的边缘徘徊着、迷茫着。探讨教师教学效能和专业发展的关系及其作用机制，不但是教师专业发展理论的前沿性研究课题，还对教师专业发展的实践，特别是对处于课程改革中的中小学一线教师找到适宜的专业发展方式有着重要的意义。

一、教师专业发展的境遇

教师专业发展的研究对于提升教师教学水平、提高教育质量产生了重要的影响，为促进教师专业发展提供了理论依据。从有关教师专业发展的研究文献

---

① 赵锦华，刘光余. 目标导向：教师专业发展的行动研究 [J]. 全球教育展望，2005（12）：28-31.

中，我们发现教师专业发展的研究主要是围绕着两个方面进行的：一是对教师专业发展促进方式的研究，也就是后现代专业主义所批评的教师专业发展"外烁论"。[①] 这些研究把教师专业发展视为外在要求，研究的重点是给教师专业发展提供哪些外在环境和条件以及如何提供这些外在的环境和条件。二是对教师专业发展历程的研究，也就是后现代专业主义所提倡的教师专业发展的"内在发展"思想。这些研究把教师专业发展的本质看作教师作为主体自觉、主动、能动、可持续建构的内在发展过程。

但是，无论教师专业发展的"外烁论"还是"内在发展"思想，主要是针对如何促进教师的专业发展而进行的，大多注重概念的解析和教师实现专业发展的条件和结果，忽视了提升课堂教学效能这个重要的进行教师专业发展的实践活动。虽然我们可以从国内外教师专业发展的研究中找到与教师专业发展的实践相关的命题，[②] 但是，学者对于何为教师的实践的看法并不一致，而且在论述教师专业发展是实践的时候还运用了"实践知识""实践性知识""教师缄默知识""教师个人实践理论"等不同的概念。这些纷繁复杂、涵盖的内容非常多的概念将整体、丰富的教师教学实践切成碎片，塞进人为设定的教师专业发展理论的盒子里，阻止了教师专业发展进行理论与实践对话，同时，教师也习惯于把他们的发展定位在课堂教学实践之外。因此，教师专业发展的研究缺乏教师课堂教学效能这一重要领域的研究，由此造成了教师专业发展的研究离教师的"实践"太远，广大教师，特别是中小学一线的教师依然在专业发展理论的边缘徘徊着、迷茫着……

二、为了提升教学效能

提升教师的课堂教学效能应该是教师专业发展的应有之义，无论是"外烁论"还是"内在发展"的教师专业发展，都必须把教师专业发展融入课堂教学，内化到课堂教学效能的提升中。美国建立了许多旨在促进教师专业发展的机构，如 PDS（Professional Development Schools 专业发展学校）、PPS（Professional Practice Schools 专业实践学校）、PDC（Professional Development Center 专业发展中心）、PS（Parterner Schools 合作学校）、CS（Clinical Schools 临床学校）

---

① 姜勇. 论教师专业发展的后现代转向 [J]. 比较教育研究，2005（5）：67-70.

② 辛涛等人认为，"教师的实践知识指教师在面临实现有目的的行为中所具有的课堂情境知识以及与之相关的知识，或者更具体地说，这种知识是教师教学经验的积累"。（见辛涛，申继亮，林崇德. 从教师的知识结构看师范教育的改革 [J]. 高等师范教育研究，1999（6）：12-16.）杨骞认为，"教师的实践包括了教师与学生之间所进行的有教育意义的一切对象性活动与交往性活动"，并认为，"在学校教育实际中，主要的表现形式是课堂教学"。（见杨骞. 基于教师实践的教师专业发展 [J]. 教育科学，2007（6）：54-57.）

等，① 其目的就是让教师专业发展在"原生态"的"实践"环境中，挖掘教师专业发展所蕴藏的问题和意义，并在反思自己的教学行为中，更有效地实现教师专业发展。这个"原生态"的环境就是教师的课堂教学，这个"实践"就是课堂教学效能的提升过程。

课堂教学是教师专业发展的实践情境，提升课堂教学效能才是教师最基本的专业活动形式。教师专业发展应该关注教师课堂教学效能的实践形态、运作方式及其提升策略。教师的专业发展应该以复杂多变的课堂教学为场域，以学生和教师双方的共同提高为中心，以提升课堂教学效能为出发点和归宿。具体地说，提升教师的课堂教学效能在以下几个方面成为教师专业发展的出发点和归宿。

（一）彰显教师的个性风格

个性风格是教师专业发展所追求的目标之一。教师个性风格反映了教师的精神面貌，是教师行为稳定的动力系统，是教师专业发展中的核心部分，可以说教师有什么样的内在人格，就会表现出相应的外显行为。教师课堂教学效能的提升过程就是教师对组织课堂教学的体验、修正与内化等复杂的过程，并且是教师对教学过程重新诠释与转换的实践经验的结晶。教师课堂教学方法不同，课堂教学效能就不一样，因此，教师课堂教学的语言表达、内容组织、方法运用等都具有鲜明的"个人烙印"，这些"个人烙印"在气质、性格、爱好、兴趣、情感等方面彰显着教师的个性风格。可以说，提升教师的课堂教学效能在形成教师的个性风格方面有着独特的作用。

（二）实现教师的自我价值

以提升课堂教学效能为信念的教师，善于用心观察，并以开放的心态反思和完善课堂教学行为。在提升课堂教学效能的过程中，教师通过帮助学生获得关于世界和生活的有机整体知识，引导着学生成长，进行着意义创造，分享着教学的快乐，并且在创造与分享的过程中，进行自我超越，提升生命质量，创造幸福人生。课堂教学的高效能，已经成为教师幸福生活的源泉，促进教师实现自我价值，推动教师专业发展。

（三）诱发教师的教育智慧

教师专业发展中最为重要的是获得丰富的个人课堂教学经验，找到自己的生长点和专业发展空间，从而不断增长教育智慧，这是教师专业发展所追求的

---

① 傅树京. 美国 PDS 政策述评 [J]. 外国教育研究，2003（4）：10-14.

目标之一。教师提升课堂教学效能的实践证明,具有较高课堂教学效能的教师在解决问题时具有敏锐的洞察力,能够与自身的教学经验融合在一起,从多角度把握问题,并迅速做出决策,灵活地解决复杂情景中的问题,表现出丰富的教育智慧。

(四)提高教师的教学能力

有学者在研究中发现,教师专业发展的关键是教师教育教学能力的发展,并从教师教学能力发展的角度概括出教师成长四阶段说。[①]教师课堂教学效能对能力的追求与教师专业发展对能力的追求殊途同归。教师课堂教学高效能所不可缺少的是教师思维能力、口头表达能力、组织教育教学活动的能力,这都是影响教师专业发展能力的重要因素。课堂教学效能的提升能够使教师敢于和善于突破已有的经验、超越自我。这一切能够转变教师的教育观念,改变教师的教学行为,从而使教师的教学更为有效,使教师的教学能力不断地向高层次迈进。课堂教学效能的提升能够极大地促进教师教学能力的提高,实现教师的专业发展目标。

三、知识的转换机制

不同学者对教师专业发展有着不同的见解。有学者认为:"教师专业发展是指作为专业人员的教师在态度、专业知识以及教育教学技能上不断成长的过程。"[②]还有学者认为:"教师专业发展是指教师的专业成长或教师内在结构不断更新、演进和丰富的过程。"这种内在结构包括:专业知识、专业技能、专业信念、专业动机态度、专业情感、专业期望、专业发展意识等方面。[③]据此,我们可以认为,教师专业发展内在结构的核心部分是专业态度、专业知识、专业能力。因此,教师专业发展对提升课堂教学效能的作用机制的论述从教师的专业态度、专业知识和专业能力三个方面展开。

(一)教师专业态度对提升课堂教学效能的作用机制

教师对教学观、学生观、质量观、人才观等的需求和价值的考量,激发了教师的内在知觉,增强了教师对课堂教学的理解与感受。教师的专业发展所产生的教师专业态度的不断更新是影响课堂教学效能的提升最直接、最有效的方式之一。教师专业态度对提升课堂教学效能的作用机制一方面表现在通过影响

① 罗晓杰. 国内外教师专业发展阶段研究述评 [J]. 教育科学研究,2006(7):53-56.

② 吴浩明,张晓峰. 专题考察:教师专业发展的有效模式 [J]. 教育发展研究,2005(12):43-47.

③ 宋广文,魏淑华. 论教师专业发展 [J]. 教育研究,2005(7):71-73.

教师教学自我效能感，提升课堂教学效能。专业态度可能左右教师专业的坚持，会对自己的教学充满信心，认为自己有较高的能力来激励学生，在教学行动上表现得较为积极。班杜拉（Bandura）的研究发现对自己的教学效能有高度信仰的教师较可能为学生创造精熟学习的机会；反之，对自己建构有利的课室环境的能力感到怀疑的教师，则较可能会破坏学生的自信心与认知发展。[①] 另一方面表现在，把教育活动作为一种境界加以追求的教师能够主动地思考和解决问题，在制订教学计划、设计教学方案、选择教学方法时，考虑的不仅仅是教学形式上的完美精美，追求的不仅仅是教学环节形式上的流畅，而是重视情感态度和价值观的培养，重视学生学习的过程和方法，并表现出较少的工作压力，从而提升课堂教学效能。

（二）教师专业知识对提升课堂教学效能的作用机制

随着行为主义心理学日益走向没落和认知心理学的崛起，教师专业发展开始关注教师知识的研究。培根说过："知识就是力量。"教师知识是教师教学行动的基础，但是有关教师知识对教学效能作用的研究却有着不一致的结论。劳登巴什（Raudenbush）与罗宾逊（Robinson）的研究发现教师的专业知识对其教学策略的发展及运用有显著的影响，可能直接或间接影响教学效能。[②]但是，也有研究表明，"教师的本体性知识与学生的成绩之间几乎不存在统计上的关系，并非本体性知识越多越好"。[③] 教育的实际情况也表明：某些教师学习了教育理论知识以后，还是不会教书；有些教师虽然达到了一定的学历，工作认真，但是其教育教学效果却不尽如人意；许多教师虽然学历、教龄相近，但是教育教学效果却差异明显，甚至"有时最好的学习者会成为不能帮助学生解决学习困难的糟糕透顶的教师"。

其实，这些研究结果之间并不矛盾。根据舒尔曼（Shulman）的观点，教师知识分为学科知识、一般教学法知识、学科教学知识、学生知识、教育环境的知识、教育宗旨与目的等知识，最能体现教师专业性质的是学科教学知识。[④] 劳登巴什和罗宾逊所说的知识也就是舒尔曼所说的学科教学知识，也就是在课堂教学中实践的学科教学知识，而林崇德所言的知识是舒尔曼所说的学科内容

① Bandura, A. Perceived self-efficacy in cognitive development and functioning[J]. Educational Psychology, 1993, 28（2）：117-148.

② Robinson, B. Teaching teachers to change: the place of change theory in the technology education of teachers[J]. Journal of Technology and Teacher Education, 1996, 3（2/3）：107-117.

③ 林崇德，申继亮，辛涛. 教师素质的构成及其培养途径 [J]. 中国教育学刊，1996（6）：7.

④ Shulman, L. S. Knowledge and Teaching: Foundations of the New Reform[J]. Harvard Educational Review, 1987, 57（1）：1-22.

知识、教学法知识、学生知识、课程知识等教师知识。教师已经"拥有"的这些知识通常是"回忆性的",是教师在特定课堂教学情境下主动建构与生成的,很难简单地进行传授。杜威(Dewey)说过:"一个孩子仅仅把手指伸进火焰,这还不是经验;当这个行动和他遭受到的疼痛联系起来的时候,这才是经验,从此以后,他知道手指伸进火焰意味着灼伤。"因此,并非教师拥有的一切知识都会有"力量",只有与课堂情境紧密相连的、高度系统化了的、加工到自动化程度的、纳入了"核心"知识范畴的、实践中被随时迅速调用的知识①才会有"力量",正是这些有"力量"的知识造成了教师课堂教学效能的差异。据舒尔曼看来,学科知识向学科教学知识的转换主要包括解释、表征和适应三个阶段。②舒尔曼有关学科知识向学科教学知识转换的三个阶段的论述可能很好地解释了教师这种有"力量"的知识对提升课堂教学效能的作用机制。

第一阶段,解释阶段。教师产生学习与实践知识的心向后,在原有的认知结构和课堂教学效能实践的作用下,经过注意、反应、认同、内化、价值性格化等几个专业知识的心理运动阶段,同化或顺应教师的知识结构,把教师专业发展的专业知识转化为学生易于理解的、容易接受的原理、概念、技巧和方法,进行教师专业发展的专业知识的解释。

第二阶段,表征阶段。一个教师学习了教育理论之后形成了一定的教育观念,如果该教师经常用这一教育观念来分析学生学业成绩,经常用这一教育观念的要求开发一些具体的教学策略和学习程序,来指导自己的教学和学生学习,那么这种教育理论就会转变为该教师的一种习惯行为。由此,教师专业发展的专业知识对提升课堂教学效能的作用机制也就进入了表征阶段。表征阶段使得教师知识经过课堂实践的检验,经过多次反复后的教师经验支配着教师的课堂教学行为,使教师关注多种可行性教学方案,从而提升课堂教学效能。

第三阶段,适应阶段。通过前两个阶段,教师专业发展所获得的专业知识得到了初步的个体化,但是,教师的专业知识还会与教师的工作环境、具体的教学情境和个人的教学风格等出现一些不协调的现象,教师的专业知识对提升课堂教学效能的作用机制也就进入了适应阶段。在适应阶段最主要的是教师要进行自我反思,教师通过不断反思使"知""行"一致,把增加专业知识和丰富教学方法转化为教师的多元能力,把教学内容的重点难点进行加工提炼,采

① 万文涛.论专业化教师的知识结构[J].教育研究,2004(9):17-19.

② Shulman. L. S. Those who understand:Knowledge in Teaching [J]. Educational Researcher, 1986, 15(1):4-14.

用多元的、灵活有效的教学方式通过课堂教学传授给学生。教师在教学的实践中能够根据具体课堂情境和学生个性特长来迅速提取这些能力，并根据不同学生的能力、个性特长、发展需求和知识准备来进行具有一定弹性的课堂教学，以适应不同学生的认知特点和需求，促进具有不同能力、个性特长和发展需求的学生对知识的把握，从而在整体上提升教师的课堂教学效能。

重庆市 A 中学和广西壮族自治区 B 中学的科研室主任作为主持学校科研工作的学校中层领导，所接受的教育理论自然多于一般的教师。事实上，在调研过程中也证明了这一点，他们作为学校科研的领头人物经常代表学校到省市级和国家级的培训机构接受教育理论方面的培训，也经常代表学校对学校的教师甚至全区的教师进行培训，因此可以说，他们是学校中获得教育知识最多的人，这对他们的教学效能产生的影响是显而易见的。重庆市 A 中学的科研室主任白斌老师是数学高级教师，历年的教学成绩都位于江津区前列，广西壮族自治区 B 中学的科研室主任雷鸣老师历年的教学成绩都位于南宁市的前两位。

（三）教师专业能力对提升课堂教学效能的作用机制

研究表明，教师专业能力是一个多向度、多侧面、多因素的有机整体。从横向上看，教师专业能力包括教育能力（即对教育对象的人格影响力）和教学能力（即对教育对象理智发展的影响力）；从纵向上（即教师专业能力的发展过程）看，教师专业能力包括前专业能力、专业意识及生成能力、专业调适能力。[1]从目前学术界讨论的情况看，它主要包括教师专业的本体能力，即教育能力和教学能力两方面，[2]因此，教师专业能力对提升课堂教学效能的作用机制的探讨也从教师的教育能力和教学能力来展开。

利用教育能力营造教学氛围。在课堂教学中，教师对学生人格的影响力主要表现在营造教学氛围方面。教师在教室中的组织、计划、师生互动等因素及学校气氛、教学措施、家长支持等均会影响其教学效能。课堂教学的实践证明，能力强的老师会在课堂教学的过程中，关注学生的表情变化和反应等课堂情境因素。教师专业能力的习得需要大量不同教学情境的浸染，教师在专业发展过程中所形成的专业能力使教师在课堂教学的过程中能结合个人情感、知识、观念、价值和具体的教学情景，从学生的智慧、情感、意志等多方面考虑教育活动的实效性，调控学生课堂思路，张扬、激发、提升学生的主体性，形成关系友好、浓郁活泼的课堂氛围，有效地激发学生潜能，提升教学效能。

---

① 郝林晓，折延东.教师专业能力结构及其成长模式探析[J].教育理论与实践，2004（14）：30-33.

② 申继亮，王凯荣.论教师的教学能力[J].北京师大学报（社科版），2000（1）：64-71.

利用教学能力改进教学行为。教师的专业能力的习得过程就是课堂教学效能提升的过程，教师对学生发展的影响力主要是通过教师改进自己的教学行为来进行的。教师在专业发展过程中所形成的成熟而卓越的专业能力，在课堂教学的过程中，会从长时记忆库中提取出来。这些专业能力能够使教师不断地对自身教学行为进行调整，为学生选择生存环境，采用较具挑战性的教学技巧，创造性地选择不同的教学策略及方法，采用多元有效的教学行为，对学生的学习提供有效指导，以适应不同个体的需要。这对提升教学效能起着重要的作用，是提升教学效能的关键所在。

综上所述，教师专业发展与其课堂教学效能的提升紧密相连，课堂教学效能的提升是教师专业发展的关键推动力。把教师专业发展聚焦在课堂教学效能的提升过程中，使教师通过不断的学习、反思和探究来提升其课堂教学效能，既提高了学生的学习成效，促进了学生的发展，也实现了教师自身的发展。

教育是哲学，是艺术，是诗篇，是思想与思想的碰撞，是心灵与心灵的交流，是生命与生命的对话。教学过程中，教师知识对于教师的教学具有重要的作用，但是，成功地提升教师教学效能不仅需要教师掌握学科理论知识，也需要教师娴熟地、能够根据学生需要将学科理论知识加工、转化为学生能够理解的学科教学法知识。所以教师教学采取怎样的教学方法、方式，选取哪些具体事例，选择哪些现代化的教学手段应根据教师、学生和教学的具体情况来确定。

第五章 为主动学习而教

教育实践是在一种理论的指导和规约下进行的实践活动，"岗位性"[1] 教育实践活动是目前中小学教育的主体。教师在教育实践活动中的教育理念具有决定性的关键作用，可以引导教学者的行为，影响教学决定与判断。当然，教师教育理念作用于教师实践的方式是"静静地、几乎察觉不到，因为它不通过理论显示自己，而是通过使用理论的方式来显示自己"。[2] 教学改革从自发到自觉、从重教到重学，学生从被动接受到主动学习，这既是教学重心的转移，也是教学文化的改变。变强迫灌输为主动探究、变"要我学"为"我要学"、从"以教定学"到"为学而教"，这是教学改革的主旋律。从本书的案例中，我们既能看到教学改革者对他山之石的渴求和探索改革的艰辛，也能看到勇于担当的情怀和锐意开拓的韧劲。我们坚信：以学习为中心并高度关注开放互动、探究体验、合作共生的现代教学，必将成为新课改的方向。

第一节 调动学生的自主能动性

叶圣陶先生说过："学习是学生自己的事，无论教师讲得多好，不调动学生学习的积极性，不培养自学能力，是无论如何也学不好的。"现代教学论认为，学生的学习过程是一个以学生已有的知识和经验为基础的主动建构的过程，只有学生有效地参与到学习活动中，才是有效的教学。因此，改变传统教学模式，让学生在课堂上真正成为学习的主人，自觉主动地参与学习过程，通过动口、动手、动脑，亲自感受、理解知识产生和发展的脉络，使课堂教学真正成为师生互动、相互促进、共同构建学科知识的过程，才能使课堂教学达到理想的效果，才能培养学生自主学习的能力，发展他们的创造性思维。

---

① 杨昌勇. 新教育社会学：连续与断裂的学术历程 [M]. 北京：中国社会科学出版社，2004：237.

② 陆扬，王毅. 大众文化研究 [M]. 上海：上海三联书店，2001：79-94.

一、学生发言引发的触动

为了在高考的冲刺阶段调动学生的内在动力，鼓舞学生的学习士气，A 中学在每年高考前的 100 天都组织学生动员大会，进行"百日誓师"活动。但是，有一次白斌老师担任班主任的班级学生的百日誓师发言却引发了他心灵的触动。学生百日誓师的发言全文如下：

例 5-1-1　高考百日誓师发言稿

尊敬的领导、老师、同学们：

大家好！

金鼠破春，寒冬远去，清风送爽，万物萌生。紫气氤氲间你意气风发，绿柳飘摇时我心飞扬。时光像离弦之箭，随风而逝；岁月如东去之水，永不回还。不知不觉间，高考仅有三月，无声无息中，龙门逼近百日。

我们感谢生活给我们留下一百天的时间去努力。一百天，每一天都是新的一页，每一页都写满奋斗的历程。拿破仑说过，最困难之日，就是离成功不远之时。先贤留下的哲理告诉我们：否极泰来，苦尽甘来。越是接近成功，道路便越艰险，艰难困苦，玉汝于成。放下包袱，勇往直前，无畏拼搏。高考是一场综合实力的较量，能驾驭知识、战胜困难的人才会赢得最终的胜利。勤奋的学习加上正确的方法等于成功。只要我们全力奋斗每一天，就一定会在今年夏天绽放灿烂的笑容。

同学们，军号已经吹响，钢枪正需擦亮，高考正向我们走来，东方已露曙光。时间，不允许你再犹豫；空间，不允许你再逃避。我们都站在同样的起跑线上，既然，天才不常有，蠢材也罕见；既然，智慧就在我们的脑袋里，那么，面对高考，我们只有充满乐观与自信，决不能留下遗憾和叹息。

同学们，不再回头的，不只是那古老的晨光，也不只是那些夜晚的群星和月亮，还有我们的青春。青春，这是上帝赋予我们无限珍贵的礼品，青春充满着力量、信心和希冀。

我们坚信，平凡的生活定会在我们的手中编织出绚丽缤纷的图案，有限的人生定会在我们的不懈追求中走向永恒。奋斗一百天，飞翔的梦在六月张开翅膀。奋斗一百天，雄心与智慧在六月闪光。我们将带着从容的微笑，去赢得志在必得的辉煌！今天我们在这里，郑重地面对高考赫然醒目的战书，以青春的名义起誓：

我将用智慧培育理想，不负父母的期望；我将用汗水浇灌希望，不负恩师的嘱托；我将用信心铸就目标，不负母校的愿望。让微笑写满父母疲惫的脸庞，让微笑挂在老师欣慰的脸上！

听了学生的发言，白斌老师陷入了沉思。我们的教育正面临着这样一种现实：学生没有把学习看作自己知识能力发展的一种手段，而是将学习的目的定位成为家长和老师而学习，确切地说是为了他人而学习，而不是主动地去学习，更不是通过学习成为他（她）自己。通过这一段时间新课改的实践白斌老师感觉到，教师习惯于带着学生走，也由此而形成了学生被动学习的局面。这不但不利于学生的潜能开发和身心发展，而且学生学习的主动性也渐渐丧失。白斌老师认识到：真正对学生负责的教育应当是能够促进他们全面、自主、有个性地发展的教育，学生主动学习的愿望、兴趣和方法应当在学生的学习中发挥着巨大的作用。要使学生乐于学习，教师就必须为学生的主动学习而教。

二、天生其材必有用

孔子说："天之生物，必因其材而笃焉。"每个学生尽管学习成绩有差异，但都有各自的个性和长处，倘若我们能够把这些长处挖掘出来，沿着"让学生成为他自己"的教育之"道"走下去，教育不但会对每一个学生的发展起到不可估量的作用，而且也会硕果累累，芬芳无比。教育顺应人的天性的理念已经被中外先哲们所肯定，孔子的"因材施教"已为大家所熟知。但是教育在应试大旗的招引下，往往用一个标准要求学生，用一把尺子衡量学生，用一种模式培养学生，其结果必然把本来个性有别、特长各异的学生塑造成千人一面的书呆子。于是，卢梭在他的《爱弥儿》的开篇就感叹道："出自造物主之手的东西都是好的，而一到了人的手里就全都变坏了。"① 此话在一定程度上反映着我们的教育现状。以至于到了 20 世纪中期，杜威还认为"我们现在正在努力追求教育进步，其要旨已被卢梭一语道破"。事实已经证明，教育发挥为主动学习而教的功能，是使学生社会化，成为"理想的成人"，更好地享受生活的有效手段。

（一）学生是有差异的个体

"人格是个体内部心理物理系统的动力组织，它决定一个人行为和思想的独特性。"② 学生作为一个"真实的人"，每个学生都有其独特的人格，世界上没有两片完全相同的树叶，学生是存在差异的个体，有的进步快，有的进步慢；有的语文好，有的数学好；有的善于沉思，学习需要时间，有的善于表达，学习急躁冲动。尽管有些人伶俐、有些人迟钝、有些人温顺、有些人强硬不屈、

① 卢梭. 爱弥儿：上 [M]. 李平沤，译. 北京：人民教育出版社，1985：1.

② 单中惠. 西方教育思想史 [M]. 太原：山西人民出版社，1996：987-988.

有些人渴求知识、有些人偏爱技巧，但是只要"教学时间充分，教学方法得当和具备适当的条件"，几乎所有的人都能够学好。花有不同的花期，最后开的花和最早开的花一样美丽，教育不能按照一个模式进行，更不能按照一个模式进行到底。我们的教育在一些"好心人"的关照下，把学生的发展模式化，给了"用蚊子的步伐走路的学生和用大象的步伐走路的学生"同一双鞋子，于是，教育中就出现了有的学生是"巨人"，有的学生是"侏儒"的现象。

（二）学生是个性鲜明的个体

学生是活生生的人，是有着各自的需要与欲望、有着自身个性的社会个体。理想的教育不是对学生的个性进行改造，而是进行价值引导和学生的自我建构，教育行为的发出反映的是学生发展的要求。

在白斌老师心灵深处有一种痛，至今挥之不去，也没法忘记，因为他班上英俊的学生陈某趁父母不在，喝下了"敌敌畏"，永远地离他而去了。而陈某此前曾经是他班的班长，学校里的"三好学生"，是大家公认的好学生。虽然陈某学习成绩优秀，身材高大威猛，喜欢体育，但是这样一朵盛开着的鲜花，却突然凋零了，原因是"这样的生活没有意义，这样的生命没有价值"。

教学活动不是在真空中进行的，也不是在一张白纸上任意涂鸦，而是对学生已有经验的改造，以及在此基础上有目的地引导学生对间接经验的学习，离开了学生主动性、积极性的课堂教学是难以取得预期效果的。学生是活生生的个体，如果生命都不存在了，就更谈不上学习和发展了。

（三）学生是有发展潜能的个体

学生所蕴含的潜能是巨大的，教育的本质在于：激发学生的发展潜能。教育真正发挥作用，就要最大限度地去挖掘学生的潜能，把不太想学习的学生教育得想学、努力学；对想学并努力学习的学生，教会科学有效的学习方法和技巧，使其学会学习；对已经学得很好的学生，帮助他们树立更远大的理想，努力为学生的个性发展、全面发展、终身发展奠定坚实的基础，使每一个学生将来在社会中能够具有较强的竞争力。可以说，教育的责任之一就是开发人的创造潜力，激发人的发展潜能，培养人的个性与创造性思维，形成有益的创造习惯和有效的创造力。

在一次对白斌老师进行课堂听课观察的时候，有一个课堂练习环节，白斌老师让三个学生到黑板上做题，结果有两个学生做错了，其中一个错了一半，另一个全错了。白斌老师让错了一半的同学看看另一个做对的同学的解题过程，这位同学终于把错误找出来，并说出了做错的原因。全错的那位同学一时找不出自己错在哪里，白斌老师在表扬做对的同学的同时并没有责备做错的同学，而是让他课后仔细看看公式和例题，再独自做一遍，下节课时要检查。

白斌老师担任班主任的班级有67人，学生的知识基础和个性特质都不同。新课程提倡研究性学习，但是，在开始推行研究性学习过程中，只有那些主动性强的学生受益，三分之二的学生是跟着走或跟不上，有很多不适应的地方。因此，白斌老师想方设法地来调动全体同学学习数学的兴趣，为培养学生学习的主动性、积极性而努力。其一，改进课堂教学。通过课程改革构建新的教学模式，精心设计教学过程，选择恰当的教学方法和教学手段，优化作业设计，精讲精练。其二，培养学习兴趣。兴趣是推动学生进行学习的内部动力，是影响学生学习自觉性和积极性的直接原因，在数学课堂教学中教师可以有意识地创设悬念激发学生兴趣、不断创新培养学生情趣、表扬鼓励激发学生乐趣。其三，创设环境氛围。在课程教学中创设民主、探究、奋进、合作的课堂教学环境，在班级管理上创设轻松、宽松、自主的成长环境，让学生学会自主、学会创新，提高他们的学习的主动性和积极性。

英国教育家尼尔（Neill）曾经说过，要"学校适合儿童，而不是儿童适合学校"，我们认为，具体到学校教育，必须体现"教师为主导，学生为主体"原则，教师要做学生学习的引路人，鼓励学生创新思维，引导学生自己去探索、去钻研，让学生成为学习的真正主人，充分发挥他们在学习过程中的主动性、积极性和创造性。在新课程改革中，教师不能再采用"满堂灌""填鸭式"的教学方式，转变那种妨碍学生创新精神和创新能力发展的教育模式。让学生从被动地接受式学习转变为主动地获取知识。在教学设计上，教学过程中，教师要引导学生参与到教学活动中，关注全体学生，而不是个别学生，教师也要做到少讲，让学生自学，认真分析学生的基础和需要，针对不同的学生因材施教、分层教学，让学生试着自己去解决问题，在自身实践中体会和提高。在课堂教学中，注重在教师的指导下，让学生自主学习，主动参与教学的全过程，充分体现学生在教学中的主体地位，真正做到，教师为学生的主动学习而教。

第二节　建构学习的意义

孔子的"三十而立，四十而不惑"与柏拉图的"哲学王"在理念上有异曲同工之妙，要实现这一理想，我们的教育必须遵循个性发展的需要，建构起学习的意义。人是意义的追求者，学习的一个最重要因素是意义，学习是意义制定过程，而不是知识的传递和接受。意义的制定过程实质上是活动参与者之

间的社会协商过程，知识的社会性说明学习的过程就是一个社会对话过程，学生在试图解决在他们确定知道的与他们感知的不协调的过程中，建构起学习的意义。为主动学习而教，教会学生学习，培养出具有饱满个性的人，培养出适应变化和知道如何学习的人，真正让学生获得解决问题的智慧，这就是教育的真谛。

一、为主动学习而教的特征

霍曼（Hohmann）和韦卡特（Weikart）认为主动学习包含四个基本因素：直接操作物体；对活动进行思考；内在的动机、意向和动力；解决问题。并认为主动学习者的行为具有以下特征：儿童的活动产生于个人的兴趣与意向，这使得他们能专注于自己的活动和思维，他们能发现许多可做的事情，而且经常说出他们打算做什么；儿童自己选择材料并决定如何使用材料；儿童运用所有的感官主动探究，使用与年龄相适应的工具和设备，通过转换和组合各种材料发现事物间的关系；用语言谈论自己的经验。[①]

雅克·德洛尔任主席的国际 21 世纪教育委员会在 1996 年向联合国教科文组织提交的报告中提出了"教育的四大支柱"，认为这是学生适应未来社会发展所必需的能力。其中，学会认知（learning to know）就是掌握认知的手段，掌握认识世界的工具，学会最迅速、最有效地获取信息、处理信息和运用信息，学会广博与专精相结合、由博返约的学习方法；学会做事（learning to do）就是使学生不仅要学会实际动手操作的技能，更重要的是要具备一种综合能力，善于应付各种可能出现的情况，具有在一定环境中工作的能力，以及敢于承担风险的精神；学会共同生活（learning to live together）就是使学生设身处地去理解他人，学会在合作中竞争，在竞争中合作。既要尊重多样化的现实，又要尊重价值观的平等，增进相互了解、理解和谅解，加强对相互依存关系的认识；学会生存（learning to be）就是使学生学会掌握自己命运所需要的思考、判断、想象、表达、情绪控制和社会交往等基本能力，掌握适应环境以求生存，改造环境以求发展的能力。每个人若要求得有价值的生存和发展，更有效地改造自然、改造社会，就必须充分开发潜能，发展个性，提高素质，增强自主性、能动性、创造性和责任感。

可以说，为主动学习而教的以下几个特征与"教育的四大支柱"在基本点上是一致的。

---

① Hohmann, M. & Weikart, D. P. Educating young children：Active learning practices for preschool and child care programs[M]. Ypsilanti, MI: High / Scope Press, 1995：24–25.

（一）掌握认知的手段、方法

信息时代的到来使得信息量急剧增加，因此只有为主动学习而教，才能使学生在进入社会以后得到工作中所需要的新知识和新技能。正如第斯多惠所言的那样，"一个坏的老师奉送真理，一个好的老师教人发现真理"，"儿童对自己在干什么应该有积极的认识，以便从他必须做什么的立场判断自己的行为。只有这样，他才真正有充满活力的标准，一个使他能够为了未来而从失败中吸取教训的标准"。① 为主动学习而教，强调的不是知识本身，而是让学生掌握认知的手段、方法，即学会如何学习。

（二）强调实际能力的掌握

为主动学习而教不仅强调知识的学习，而且强调实际能力的掌握，这也是"教育的四大支柱"中"学会做事"的重要内容。在雅斯贝尔斯看来，"真正的教育绝不容许死记硬背"，为主动学习而教，才能培养出精神自由和富于创造力的学生，才能使学生能够在不同的环境下胜任和愉快地工作，才能使学生具有适应社会变化和发展的应变能力。教学是教师的教与学生的学相互作用、相互影响的双边活动过程，无论是同化还是异化都要有一个自我感悟体会的过程，所以只有学生主动思考和探讨，所得到的知识才是学生真正学会和掌握了的知识。教师如果能够从学生的现实生活出发，在教学中努力构建开放的学习环境，让学生主动思考，提供多渠道获取知识的途径，构建适合学生发展的学习方式，培养出学生学会学习的意识和能力，就能够充分调动学生的积极性、主动性，从而提升教育的质量。

（三）以"学会共同生活"为基础

爱因斯坦曾经说过，"当你忘记了你在学校所学到的一切知识之后，留下的便是教育"。为主动学习而教的目的是使学生在离开学校时是一个和谐的人，而不只是掌握某种知识和技能的人。因此，在学会共同生活中，学生们学到的是如何与人相处，如何尊重别人的感受和接纳别人的意见，同时也学会了如何不被别人威胁和利诱，学会与人相处之道，建立良好的人际关系，因此能够愉快和高效地学习也就成了为主动学习而教的核心内容，这与"教育的四大支柱"中的"学会共同生活"是一致的。

学生的学习发生在一定的组织机构之中，需要教师充分地了解学生的知识背景，能与学生清楚地交流与沟通，能够刺激学生积极地学习与思考，进而提

---

① 杜威. 学校与社会·明日之学校 [M]. 赵祥麟，任钟印，吴志宏，译. 北京：人民教育出版社，1994：148.

出有价值的或挑战性的问题。为主动学习而教是一种社会性的挑战，其所强调的是掌握认知的手段、方法，培养学生获得知识的能力和学会共同生活等特征，这使得教师的教学在满足社会性方面显示出了其独特的意义。

二、教学生学会学习

中学阶段学生的自我意识不断增强，独立意识开始出现，是人生放飞理想的开始。白斌老师在其教学实践中也感觉到，如果学生能够形成一种学会学习的意识与能力，养成自觉能动、自主自律、开拓创造等学会学习的品质，必然能促进学习的自觉能动性和创造性的发展，教育质量也会因此而提高。

（一）学会学习是生存所必需的手段

20 世纪后半期是人类新的教育思想和教育观念日新月异的时期，"其中最具代表性，最具冲击力和影响力的就是终身教育和学习化社会两大理念"。①而这两大理念都以学会学习作为核心内容。学会学习的作用主要表现在以下几个方面。

1. 适应变革的世界

其实，学会学习是一个古老而全新的话题。在中国，《礼记·学记》中就有关于学会学习的记载："善学者，师逸而功倍，又从而庸之；不善学者，师勤而功半，又从而怨之。"如今学会学习已经被人们高度重视，未来学家阿尔文·托夫斯曾经告诉人们："未来的文盲不再是目不识丁的人，而是不会学习的人。"苏联教育家苏霍姆林斯基也把教儿童学会学习，使他们掌握学习知识和解决问题的有效方法作为教育的首要任务。魏书生在谈到学习时说，学生学会了学习就有可能比较从容地面对未来世界出现的新知识，完成祖国交给他们的任务。我国教育部确定的义务教育改革的六大任务中第四条就明确规定，引导学生学会学习，要特别鼓励研究性学习与合作学习。我国香港特别行政区推出的新课程所确立的"终身学习，全面发展"的基本理念也以"学会学习"这一总目标贯穿于整个课程体系。

雷鸣老师从自己的教学实践中得出了这样的结论：当今时代学会学习就等于学会了生存，学会学习已经成为当今时代的主题。白斌老师多次表明他的观点：学生学会学习是 21 世纪主人素质养成的要求，是时代发展的呼唤。

2. 获得发展的手段

学生学会学习是寻找通往未来世界的"金钥匙"的需要，是获得发展的手段，

① 高志敏. 关于终身教育与学习化社会理念的探讨 [J]. 教育研究，2001（3）：52-58.

是个体发展的需要。

　　白斌老师认为，中学阶段是人生发展中的关键阶段，学生个体的发展离不开独立能力和自主能力的充分发展。白斌老师也谈到，受传统观念和教学模式的影响，他的学生在相当长的一段时间里从学习内容、学习方法到学习过程还依赖甚至是受控于教师。这种缺乏自主性和独立性的学习导致学生进入大学阶段后很不适应大学的学习生活，面临着学习上的种种空虚和困惑。可以说，目前学生出现的种种困惑和学业失败在很大程度上可以归因于没有学会学习。

　　3. 促进身心的发展

　　研究表明，中学阶段的学生自我意识的突出和独立精神的加强使得学生"不再完全是被动的适应者、服从者、执行者、模仿者，而是力求成为主动的探险者、发现者、选择者、设计者"。① 正是由于学生具有这种独立的判断能力和思考能力使得学生能够用"自己的眼睛"来认识世界、发现世界，才使得学会学习、探求未知成为可能。白斌老师通过新课改，不断改进课堂教学方式，使学生的学习状态发生了以下两方面可喜的变化。

　　（1）逐渐开始关注自我兴趣。尽管学生的这种兴趣指向有时并不成熟、不完善，甚至是无知觉的、朦胧的，但是，白斌老师意识到，这种兴趣指向对他们以后的发展会产生非常重大的影响。白斌老师告诉我，学生能够对自己注意的对象产生兴趣并有所指向，这就为学生学会学习提供了前提条件。

　　（2）自我控制能力不断增强。面对学习，自制力强的学生，会觉得这是一种动力，愿意挑战更高的难度；而自制力弱的学生，就会觉得这是一个难题，往往应付时间被动学习。那么，如何增强自我控制能力呢？白斌老师注意引导学生树立学习目标、制订学习计划、坚持执行计划、排除干扰因素、限时完成任务、一次只做一件事，慢慢地养成好习惯，学生的自我控制力就越来越强了。

　　（二）学会学习的概念内涵及其特征

　　虽然目前人们对学习的解释众说纷纭，但是一般趋向于这样一种基本观点："有机体为了生存和适应，需要经常不断地积累经验和改变个体的行为。这种经验的积累和个体行为倾向的连续变化过程就是学习。"②

　　1. 学会学习的概念内涵探析

　　学会学习的特定内涵及其独有特征是判断学生是否学会学习的重要依据。所谓的学会学习，指的是学生个体在学习过程中一种积极自觉的学习行为，是

_____

① 叶澜. 教育概论 [M]. 北京：人民教育出版社，1991：27.

② 蒯超英. 学习策略 [M]. 石家庄：河北教育出版社，1999：2.

学生个体非智力因素作用于智力活动的一种状态显示。① 学会学习是指培养学生的元认知能力，提高学习兴趣，增强学习能力，以学会掌握探索未知世界方法的过程。

2. 学会学习的特征

白斌老师发现，学生学会学习往往呈现出以下几个明显特征。

（1）内部学习动机的生成。心理学家研究表明，内部学习动机有四种功能：第一是始动功能；第二是指向功能；第三是维持功能；第四是调整功能。② 明确的学习动机是学生从事学习活动的源动力，它给学生学会学习提供充足而持久的动力支持。在学生学会学习的过程中，学生不断地调节他们的学习活动，以确保顺利地完成预定的学习目标。

（2）明确学习目标的制定。明确学习目标是学生学会学习的基础。首先，学习目标具有层次性，有长期目标、中期目标和近期目标，并使三者相互结合、相互协调。其次，学习目标有选择性。学习目标的选择结合个人的爱好、兴趣、特长来进行。再次，学习目标详细具体，除了总体的目标外，学习过程中的每一步都制定了详细而具体的学习目标。最后，学习目标切实可行。学习目标既不能过高也不能过低，在"最近发展区内"，能"跳一跳，摘到桃子"，这样的学习目标使学习者既有兴趣，又劲头十足。

（3）有效学习策略的优化。讲究学习策略是学生学会学习的关键。第一，自觉地分析学习情景。学生学习一段时间，思想上有所松弛，慢慢地各项活动变成一种无序的状态，这时通常需要采取一定的学习策略调整自己的学习行为。发挥主观能动性，克服不良的学习习惯，使自己的学习活动得以顺利进行。第二，灵活地选择学习方法。"最有价值的知识是关于方法的知识"，学生运用正确的学习方法，认识和利用学习规律，少走弯路，充分发挥自己的学习潜力。第三，自觉地监控学习活动的过程。学生学会学习的过程一般是自我调节学习活动的过程。这一过程包括以下几个环节：首先是自我评价的监控。学生根据自己以前的表现会判断自己的学习能力。其次是目标设置与策略计划的监控。学习者通过分析面临的学习任务，设置具体的学习目标，评价正在使用的学习策略。最后是策略结果的监控。在这一环节中学习者把学习结果和学习策略结合起来，以判断某种策略是否有效。

（4）独立思考能力的养成。善于独立思考是学生学会学习的核心。独立思考是培养学生良好习惯的一个极为重要的方面，是发现问题、分析问题、解

① 姚晓明."小学生主动学习的指导策略研究"实验报告 [J]. 教育研究，2001（1）：71-74.
② 李昌烟. 青少年误区 100 例 [M]. 济南：山东大学出版社，2001：112.

决问题的必备条件。它对学生主动获取知识、寻求自我提高方面有着重要的作用。就学习而言，独立思考是学好知识的前提，学习重在理解，没有经过独立思考就无法很好地消化所学知识，也不可能真正理解其中的道理，使之成为自己真正掌握的知识。作为教师，在教学过程中，学生既是教学的对象，又是教学过程的主体。在平时的教学过程中，教师讲课不宜过细，要留给学生思考的余地，不要让学生养成依赖心理，要巧用"问题"，搭建好学生独立思考的平台，让学生学会思考，引导学生自觉形成独立思考的习惯。

（三）教师指导学生学会学习的策略

古人云："授人以鱼不如授人以渔。"鱼是目的，钓鱼是手段，一条鱼能解一时之饥，却不能解长久之饥，如果想永远有鱼吃，那就要学会钓鱼的方法。道理就是传授给人既有不如传授给人学习知识的方法。通过指导和训练让学生主动学习并善于学习。白斌老师注意从以下几个方面指导学生学会学习。

（1）激发学生的学习兴趣。乐学的过程也就是寻趣的过程，即寻求从"有趣"到"乐趣"再到"情趣"，以保证自己稳定而持久的学习兴趣，不断增强内驱力的过程，这是培养学生主动学习非常重要的一个方面。因此，在教学过程中，教师要注重激发学生的学习动机，培养学生的求知兴趣，让学生变"要我学"为"我要学"。

（2）培养学生的元认知能力。元认知是关于认知的认知，元认知包括元认知知识、元认知体验和元认知监控三个方面，元认知能力是学生主动学习的核心。从元认知的角度来考虑，学生的学习活动并不仅仅是对所学材料的识别、加工和理解的认知过程，而且是一个对该过程进行积极监控、调节的元认知过程，因此培养学生的元认知能力十分重要。

（3）加强学生的思维训练。重视强化师生间和学生群体间的互动，强化学生的主体地位，让学生成为课堂的主人。如对应用型数学问题，采用"指导预习—提出问题—开展讨论—点拨归纳—反馈练习"的方式，使学生学会发现问题、思考问题、分析问题和解决问题，既掌握了知识，又培养了能力。

（4）从失败中找到自信。我们应善于从典型解题错误中分析原因，总结教训。学生学习中出现错误或经历挫折是难免的，重要的是要有勇气面对错误和挫折，并在纠正错误和避免失败中找到自信。学生要能及时反思纠正，减少失误，并从错误和挫折中走出来，体验到"成功"的快乐，增强战胜挫折和困难的勇气，找到自信，找到主动学习的良师益友。

第三节　用意识影响理念

正如英国社会学家吉登斯（Giddens）所认为的那样：我们进入了一个"反射性的现代化"，或称为"社会反射性"的社会：我们的生活环境日益成为我们自己行动的产物，我们的行动也反过来越来越注重应付我们自己所造成的风险和机遇，或对其提出挑战。[①]在人类社会中，"意义"有着不可或缺的重要性，个体与外在世界的交往不是一种简单的"刺激——反应"关系，而是必须经过意义的协调。个体首先会对特定的对象（动作、物件、符号等）赋予某种意义，这个过程可称之为"解读"或者"理解"，然后在这个理解的基础上，个体根据自己的需要再把自己所希望传达的意义以某种方式表达出来，因此意义也成了所有社会行为的核心，人类是如何理解与表达意义的这个问题就变得异常重要。教师的教学活动绝非仅是一种被动的策略，"只有从社会中生活的众人的具体行为和思想里才能认识到这些人所赖以生存的社会结构及其变迁的形态和轨迹"。[②]

"教师是教学改革的主要参与者和实践者，教学目标的实现，教学内容的完成，教学模式的运用与推广，教学评价的实施等都离不开教师。"无论是为主动学习而教的"关注学生的个性化发展"还是"去集权化"等理念都必须依靠教师的理解和认同，用教师的意识去实现为主动学习而教的理念，才能激发教师内心的力量。事实上，教师对为主动学习而教的所思、所为比为主动学习而教本身更为重要。

在教育改革的现实中我们可以看到，作为教育实践者的教师虽然有时会顺从甚至同意专家给出的专门话语，但对施加给他（她）们的观念、规范和法则，常常可能会有不同于研究者和政策制定者的理解。教师对教育理论的心理认同和归属，调整着教师在教学中的角色、教学过程中策略的运用等，指导着教师的教学实践。当前，全国中小学教育都在推行新课改，教材内容和课程标准更新了，相应的教师的教育理念和教学方法更需要更新。但是"旧瓶装新酒"的现象还大量存在，许多教师不自觉地把新课程纳入自己的旧教学，惯例还在延续着，[③]这其中的原因很复杂，但是与教师的教育观念还没有根本转变有着密切的联系，正是教师们这些还没有根本转变的教育观造成了专家"所倡导的

---

①　安东尼·吉登斯，克里斯多弗·皮尔森.现代性：吉登斯访谈录[M].尹弘毅，译.北京：新华出版社，2001：16-17.

②　费孝通.缅怀福武直先生[J].读书，1990（5）：65-67.

③　杨启亮.规约与释放：教学实践智慧的选择[J].教育理论与实践，2002（11）：6-9.

理论"与教师"所采用的理论"分裂，^① 导致了"改革始于良好的愿望却终于失败"。

拥有不同的教育理念就会产生不同的教育行为，拥有不同的教育行为就会产生不同的教育效果。因此，教师所拥有的教育理念就成为为主动学习而教的关键因素。然而，教师教育理念的建立和改变依赖于教师思想深处教育意识的建立和改变，可以说，教师拥有什么样的教育理念就会表现出什么样的教育行为。

一、教育就是服务

当今，学者们越来越趋向于这样一种观点：教育就是服务，教师应该具备服务意识。教师的服务意识应该成为为主动学习而教中教师教育理念的重要内容。教师可从以下几方面提高自己的服务意识。

首先，教师要为促进学生的发展服务。教师的任务之一就是要了解学生有哪些要求，把满足学生需要的过程当作自己教书育人的全过程。"简言之，教育就是服务。为满足学生的正当需求服务，为促进学生的发展服务。"^② 雷鸣老师认为，"一切为了每一位学生的发展"是新课程的最高宗旨和核心理念，为适应新课改的要求，教师关键要更新教育观念，树立民主、平等的师生观。这就要求教师必须具有清醒的服务意识，置身于为学生服务之中去，并把学生满意当作老师服务的标准。唯有如此，教师才能真正做到尊重学生的主体地位，才能从源头上杜绝体罚学生等不良现象的发生，师生之间才能心灵相通，配合默契，互敬互爱。并且教师在与学生朝夕相处的过程中，采取一系列的措施，帮助学生确定明确的学习目标，制订适合自己的学习计划，指导学生形成良好的学习习惯，掌握学习策略和发展学习能力，共同创设丰富的教学情境，激发学生的学习动机和学习兴趣，与学生一道寻找真理并与学生一起分享他们的情感体验和成功喜悦。

其次，教师要为满足课程的需要服务。新课改后的课程，从知识技能、价值态度和道德观念等方面都比以前拥有更加丰富多彩的内容和形态。新课改从政策层面提出了国家、地方、学校"三级课程"管理模式，即国家制定课程发展总体规划，确定国家课程门类和课时，制定国家课程标准，宏观指导课程实施；省级教育行政部门根据国家对课程的总体设置，规划符合不同地区需要的课程实施方案，包括地方课程的开发与选用；学校在执行国家课程和地方课程的同

---

① 张建伟. 反思：改进教师教学行为的新思路 [J]. 北京师范大学学报（社会科学版），1997（4）：7.
② 芮火才. 教育就是服务 [J]. 江苏教育，2003（9）：1.

时，开发或选用适合本校特点的校本课程。特别是校本课程的提出使得教师要为满足新课程的要求，必须努力使自己改变过去课程意识单一的状况，做到准确地理解和充分地把握课程，对新的课程形态进行不断的开发研究，编写适合本校学生的优质校本教材，为各学科教学和促进学生全面发展服务。

再次，教师要为满足社会的要求服务。教育的根本目的是培养社会需要的人才，教育必须根据社会的需要培养人才，教育改革必须以培养出来的人才满足社会的需要为最终归宿，否则改来改去只能是瞎折腾，没有意义。因此，教师的所有行为都应渗透社会的行为规范，应该具备为满足社会要求服务的意识。只有如此，教师才能理解素质教育的本质内涵，才能改变现存的"考试为本，升学第一"的应试教育现状，才能为基础教育课程改革的顺利进行创造前提条件。当然，教育的目的既是为社会培养有用的人才，也是为个人实现人生理想，同时，当教育服务好个人实现理想的时候，教育也就为社会培养了有用人才，这两者其实并不矛盾。

最后，教师要为提升学校的声誉服务。学校是非营利性组织，但是，学校恰恰又是在优质服务中增值。以优质的教育服务提升学校的品牌价值，与服务性企业赢得客户满意从而赢得更大利润在本质上是一致的。优秀的教师团队、优异的教学质量，对提升学校的声誉至关重要，教师的辛勤付出可以使学校以突出的业绩和优良的声誉赢得社会的认同，从而保证学校良好的社会声誉并拥有充足的生源，这又必将进一步为学校的优质教育服务提供不竭的动力，以教师的优质服务促进学校发展的良性循环，这一点在越来越激烈的生源和资源竞争中对学校和教师的重要性不言而喻。

二、契约规范行为

雷鸣老师认为，强调教师的奉献意识很有必要，但是契约意识作为文明社会的意识之一，已是人们日常生活中普遍存在的社会现象。特别是在当前的社会现实中，契约无时无刻不存在于我们的周围，并规范着我们的行为。如果教师要更好地适应为主动学习而教的要求，教师在具备奉献意识的同时，还必须具备契约意识。

第一，明确权利义务。作为学校的政治老师，雷鸣老师认为，权利与义务是契约意识的本质内涵，但不能把契约理解为教师单方面的权利或义务。一方面，教师必须对学校和学生两方面尽自己的义务。学校给教师一定的薪水等一系列的待遇，教师就应该为学校提供最优质的教育。学生到学校上学，也和学校产生了契约关系，教师就应该代表学校对学生施以优质的教育。如果教师拥有明确的契约意识，那么就会很容易理解教师与学生的关系内容不应该是命令、服从和师道尊严，而是民主平等的关系。另一方面，教师也应该充分享受到自己的权利。既然教师为学校提供了优质的教育，那么，教师就应该得到该得到的待遇，从而为教师的优质服务提供更好的条件。特别是随着教师聘任制的逐步实行，教师的权利意识也应进一步加强，以维护教师自身的合法权益。否则，就是不公平的，也是不现实的。

第二，认真履职尽责。学校的教育是为孩子、为家长、为社会服务的，只有树立了服务意识，学校的教育才能做得实在，做得有序，才会让孩子学得扎实开心，家长感到满意。为此，每个学校都对教职工制定了工作规范。广西壮族自治区 B 中学的教学工作规范的具体内容包括：热爱学校和事业，工作尽心尽责；注重师德修养，维护教师形象；实施素质教育，关爱全体学生；严谨治学治教，坚持终身学习；遵守职业道德，确保廉洁自律；遵守法律法规，严守工作纪律；注重团结协作，发挥群体优势；不断改革创新，注重教学实效。教师就应以学校和学生的需要为自己的工作方向，用心、认真、努力工作，教好学生，维护好学校和自身的良好声誉。

第三，提升自身素质。教育教学质量是学校的生命线，每一位教师都要树立质量意识，把教好每一位学生作为自己的工作基础、立身之本。教师就应该不断进取，提升教学水平，确保学生能够享受到优质的教育。新课改后，从新课程的开发到新课程的实施等各方面都存在着教师未探索过的领域，这就要求教师要不断地加强学习，提高自己的人文素养、责任意识、师德修养、业务水平，应用新的教学理念。只有不断地学习充实自己，才能促进自身成长，尽快适应学习者和研究者的角色，顺利实现教师角色的重要转变。

第四，善于解决问题。由于新课改存在诸多以前未涉及的领域，在教学过程中教师一定会遇到许多问题。这就要求教师要勇敢地面对这些问题，想方设法解决工作中的问题，而不是惊慌失措，更不能消极对待。教师可借鉴成功学校和优秀教师的经验，并通过与同事开展教学研讨，与学生和家长谈话等形式，探讨教学设计、教学方法，了解学生思想、学习状态，记录教学反思、教育感悟等，在进行知识梳理、实践思考的同时，能够实现相互交流、智慧共享，积小智成大智，从而找到解决问题的最佳办法。

三、他山之石

信息是桥梁，是资源。他山之石，可以攻玉。信息化时代的教育对教师素质提出了更高的要求，为主动学习而教也把培养学生的信息能力作为重点。这

就要求教师必须具有敏锐的信息意识。但是，长期以来，教师的"升学率""高分"等传统观念根深蒂固，我国目前的教师队伍"由于种种原因，信息素质普遍较低，在信息意识、信息能力和信息道德等方面难以适应信息社会和教育信息化的要求"。[①] 教师的信息意识普遍比较薄弱和片面。

在全面进入信息时代的今天，增强教师的信息意识，掌握必要的信息获取与处理技能，将教师的教育信息化思想和理念渗透到教学过程中，不但是时代的迫切需要，而且也是教师为主动学习而教的必然选择。有调查显示，中小学计算机闲置率很高，主要原因是绝大多数教师不能掌握起码的教育信息技术。对中小学教师信息技能的要求包括：能知道如何获取教育信息，明确学生的信息需求，并能从所掌握的教育信息中筛选出有用信息，经过加工整理使之转化为自身的教育教学能力和教学研究能力。

作为教师必须意识到，提高教师自身的信息获取与处理能力已经到了时不我待的地步，必须提高认识，抓住机遇。雷鸣老师告诉我们：尤其作为政治课老师，要了解时事新闻和社会事件，并及时作为案例融入课堂教学中，理论联系实际的课堂教学，对提高学生的学习兴趣和社会问题关注度非常重要。而从海量的信息中获取对教学有价值的信息，也需要一定的机遇，信息有时如同火花，转瞬即逝，有些信息只有在特定的场合和环境下才能获取。他现在已经养成随时随地获取有用信息的良好习惯，他在电脑里建立了新闻集锦、社会热点、逸闻趣事、试题集锦、教案汇总、科研论文、学校制度和休闲生活等几个文件夹，每遇到他感兴趣的信息，他就分门别类地收集到各个文件夹中。

随着新课改的推行，学校可以通过培训，使教师了解信息技术的基本理论和知识，掌握常用的文本处理和教学多媒体技术，教师要勤于实践，注重应用。在运用信息技术的过程中，提高对信息的获取、筛选、处理、应用和交流能力。在应用信息的过程中，教师可以根据自己的需要，整理出自己所需要的教学素材，并按照自己的独特创意形成教案。通过课堂讲授，充分实现教师个性化教学的目标，以满足基础教育课程改革的要求。当然，老师的信息意识和应用能力也在实践中不断完善和强化。

教师可以把搜集到的教学素材，如文字、图片、视频采用多媒体教学手段，应用在课堂教学中，为学生创设愉悦的教学场景。多媒体教学使课堂教学内容更加丰富、形象、直观、生动，并为学生创设了生动逼真的教学情境，激发学生求知的兴趣，使学生更好地理解教学内容，学中有乐、乐中有学。增强学生由感性认识到理性理解的能力，真正能做到学以致用，解决生活中所遇到的实

[①] 马佳宏.教育信息化与新型教师的培养[J].教育理论与实践，2001（1）：19-22.

际问题。在政治课教学中，引进多媒体，优势更为明显。创设情境的目的主要是激发学生的学习兴趣，调动学生的思维，使学生由被动接受型学习状态转为主动型学习状态。

四、自主的意识

苏霍姆林斯基说过，唤起人实行自我教育是一种真正的教育。为主动学习而教要求教师应该拥有自主意识。

首先，教师的自主意识是培养学生的自主意识所要求的。从 2000 年开始，全国中小学在校生的独生子女的比例逐渐增多，随着独生子女的增多，特别是有些孩子从小的家庭溺爱，使得学生的依赖心理十分强烈，凡事依赖父母、依赖家庭、依赖学校，严重缺乏自主精神这一现象已经引起了学校的极大关注。培养学生的自主意识和促进学生学习方式的转变，成为学校教育面临的一个重要的问题。

其次，教师的自主意识是提高自身素质所要求的。自主性是教师扮演好自己角色的前提。新课改后，新课程的实施、课程的知识结构发生了诸多变化，"三级课程管理"对教师提出了新的要求，教师不能墨守陈规，再按照老套路照本宣科地教了，要发挥教师的能动性，开发特色鲜明的校本教材，可以在教学过程中支配更多的教学资源。因此，教师可以灵活地选择与使用教学方法，有较多的自主性。雷鸣老师尝试着改变长期以来完全按照教材、大纲组织教学的现状，适当调整和丰富教学内容和教学形式，强化自己的自主意识，发展自己的自主能力。

最后，教师的自主意识是应对时代挑战所要求的。时代的发展要求教师必须具有自主意识，必须发挥自己的特长，创立自己的特色，体现自己的个性，独立思考，善于创新。雷鸣老师认为，思想政治课既是一门社会科学教育课，同时又是一门德育课。这就决定了它在素质教育中所具有的独特的核心地位和基础作用及重大任务，是任何其他课程所无法取代的。在新课改中，雷鸣老师根据政治课的特点，从培养学生积极向上的思想品德考虑，创设学习环境，设计教学过程，表现出自己独特的教育理念，具备较强的自主意识。雷鸣老师说：逆水行舟，不进则退，具有较强的自主意识是教师应对时代挑战而做出的必然选择。

五、坚持创新

心理学研究表明，教师的人格特征中，有两个重要特性对教学效果有显著

影响：一是教师的热情和同情心；二是教师富于激励与想象的倾向性。① 这就要求教师要有强烈的好奇心和旺盛的求知欲，锲而不舍，热情洋溢，情绪饱满，富于想象，意志坚定，持之以恒。

教育创新不但是为主动学习而教的必然要求，也是提高民族素质和民族创新能力、建立我国"人才高地"的必然要求，是提高我国教育国际竞争力的客观需要，是促进人全面发展的客观需要。教育要创新就必须有善于创新的教师，教师要从以下几个方面进行创新意识的培养。

首先，树立创新信念，增强内在动力。"21 世纪最成功的劳动者将是全面发展的人，将是对新思想和新机遇最开放的人。"② 教师的创新教育信念是不断优化改进教学的思想基础和内在动力。创新能力是每个人在不同方面、不同程度地存在着的普遍能力。学校应该鼓励和引导教师根据所教课程的特点和学生学习状态，在充分学习借鉴的基础上，进行大胆的教学改革创新，让自己的教学创新能力自由迸发。雷鸣老师在新课改过程中，就有意识地进行创新意识的培养，把创新能力的培养放在他为主动学习而教最重要的位置上。

其次，坚持创新习惯，打破思维定式。我们常说教育要面向未来，这就需要教师能思考未来，想象未来，孜孜不倦地探求未来，做教育领域真正的探索者、创造者。教师面对新课程提出的新问题、新要求，应有意避开思维定式的影响，冲破习惯性思维的束缚，才能跨入创造性思维的坦途，创造性地解决教学中面临或遇到的各种问题，因此，发展创造性思维是提高创新能力的关键环节。雷鸣老师在教改实践中不断地打破自己的思维定式，让"破旧立新"成为自己日常生活中的一部分。事实证明，雷鸣老师在自己的生活中追求创新，自觉思考，拓宽了他的视野，发挥了他的创新能力。

再次，优化教学方法，训练创新思维。为了学生主动学习而教，教师要不断优化教学方法，变"灌输"教学为"引导"教学，把向学生的大脑仓库里装知识的方法转变为把打开知识宝库大门的钥匙交给学生的方法。把传统的填鸭式、灌输式的教学方法转变为启发式、讨论式、参与式、交流式的教学方法。因此，雷鸣老师非常重视学生的动手能力和实践能力，提高学生的创新能力，让学生通过实践，学会学习、学会创新，以适应时代发展的需要，这也是素质教育所追求的最高发展境界。

最后，提升教学风格，营造创新氛围。教师风格与个人的思想修养、专业水平、思维方式、个性特征有关，所以教学风格异彩纷呈。有的豪放，挥洒自如；

---

① 王真东 . 中小学创新型教师特征研究 [J]. 中国教育学刊，1999（6）：4.

② 俞学明 . 创造教育 [M]. 北京：教育科学出版社，1999：6.

有的严谨，一丝不苟；有的幽默，忍俊不禁；有的机智，妙语连珠。教师风格的形成是一个艰苦而长期的教学艺术实践过程，也是一个不断突破常规、不断追求自我、超越自我发展的过程。通过内练外修，才会形成独特的个性色彩，它会感染学生，激发学生的学习热情。深受学生好评的雷鸣老师认为，政治课教师只有思想与时俱进，教学风格明朗，才能使自己的教学充满活力。雷鸣老师平时在课堂外的准备上注意教学研究，努力寻找让学生百听不厌的教学风格，这已经是他为主动学习而教的一个必不可少的前提。

六、学会合作

学习化社会要求每一个人必须学会与他人合作，教师为主动学习而教尤其应该如此。这是因为："教师作为变革的因素，在促进相互理解和宽容方面，其重要性从来没有像今天这样不容置疑。"[①]

教师的职业特点决定了教师必须具备合作意识。首先，教师劳动的集体性特点就要求教师必须具备合作意识。教师教书育人目标的实现，单凭教师个体的劳动是不能达到的，必须依靠集体的共同努力。其次，教师劳动的示范性特点要求教师必须具备合作意识。教师在为主动学习而教的过程中，要让学生养成良好个性品质，让学生学会合作，学会共同生活，教师就必须以"学高为师，身正为范"的榜样力量来影响和感染学生。[②]提倡教师的团队精神，可以集群体之优势，形成合力，聚为焦点，不必面面俱到，也许在解决教育的某些问题上或某个问题的某个方面，更能获得突破。但在团队之中，仍然要尊重每一位教师的个性发挥，尊重人才的价值取向，才能在教学中形成合作向上、积极进取、风格各异的教学团队。

为主动学习而教目标的达成需要教师具有合作意识，必须依靠教师之间、师生之间的密切配合，相互合作才能完成。教师间的合作是一个"相长"的过程，在教学上由于每个人对教材的理解不同、教学方式不同、专业能力不同，对同一节课的教学设计也就不同。每个人的精力是有限的，但智慧是无限的，教师间应随时切磋、交流，相互启发、补充，实现思维、智慧的碰撞，从而产生新的思想。这就要求教师：一要提高认识，完善人格；二要强化合作，学会共处；三要加强研究，提高能力。同一个学校、同一个年级、同一门课程的教师，只有加强交流与合作，相互学习借鉴，改进教学模式，共同为主动学习而教，才

---

① 联合国教科文组织.教育：财富蕴藏其中[M].联合国教科文组织总部中文科，译.北京：教育科学出版社，1996：134.

② 张守成.教师要注意培养学生的合作意识[J].黑龙江教育，1998（Z1）：1.

能不断提高自己的教学技能和教学效率，产生"一加一大于二"的效果。可以从以下几个方面培养教师的合作意识。

雷鸣老师在教学工作中，不但注重加强与教师、学生之间的合作与交流，还注重与领导、家长之间的合作与交流，将合作共处融入他工作和生活的全过程。对此，雷鸣老师的体会是，在合作与共处的氛围中，他与各方面的关系可以相处得非常融洽。在为主动学习而教的实践中，雷鸣进行了诸多教育研究工作，也经常进行不同层次的合作。通过合作研究，雷鸣老师既能圆满地完成研究任务，又能提高自己的研究能力，发展合作精神，促进学校的教学工作。

雷鸣老师意识到，教师真正做到为主动学习而教，转变教师理念是不可忽视的，这种意识的建立需要一个长期的过程，且教师应自觉地在实践中不断地上下求索。

第六章　为了共同的目标

关于教育的目标应该是什么的问题上，教育者们一直争论不休。但是，教育的真实目的是改变学生的行为，使他们能够完成在教育之前不能完成的事情。从柏拉图的《理想国》讨论伦理范畴的"正义""公道"等开始，到夸美纽斯《大教学论》中提出的"为人的来世做准备"的教育目的，再到赫尔巴特把"管理、教学及训育"作为实现"使人的个性得到发展"目的，再到杜威的"教育即生活"的教育目的，教育一词一直"描述着某种人类活动的事实，但同时又逻辑地隐含着目的指引的意义"。教师的教学既包含教师期望，又包含学生的自我价值实现，因此教师教学效能的目标是师生共同完成的，即以教师教得轻松，学生学得愉快的方式来实现师生共同认可的教师期望和学生自我价值，从而达成课堂教学的高效益。

第一节　培养学生自主意识的思考

近年来，随着新一轮课程改革的分步启动运行，推进素质教育，全面提高教育教学质量，促进学生健康成长，已成为广大中小学的管理者和教师认真思考的问题，也是雷鸣老师一直都在思考的一个重要问题。

一、不自信的优秀学生

雷鸣老师所在的学校有着厚重文化积淀与优良办学传统，近年来，作为当地高中教育的示范学校，面对教育改革与发展的新形势，雷鸣老师在不断地发现问题，同时也在积极寻求解决问题的方法。

新学期开始了，雷鸣老师做了高一的班主任，班上有 67 名同学，其中 35 名男生，32 名女生，学生小 Y 便是 32 名女生中特别的一员。小 Y 的特别不是因为她成绩优秀，而是她的身材与性格。她瘦高的身材，不太爱在公开场合说话，

也不爱出风头，一看就是一个比较内向的学生。雷鸣老师还清晰地记得第一次课上见到小Y的情景：那是一个炎热夏天的上午，当雷鸣老师走进教室的时候，大部分同学好像置身自由市场一样，都在若无其事地谈论着，对老师的到来没有丝毫在意。雷鸣老师环视了一圈，发现有一位同学坐得很端正，在怯怯地看着他。后来点名时雷鸣老师才知道这就是他班上入学成绩第一的小Y，雷鸣老师很难把眼前的这个小Y和班级第一联系在一起。后来随着和小Y的交往增多，雷鸣老师发现她平时很少关注自身以外的事情，只满足于低头看书学习，雷鸣老师似乎感觉不到她的自信，后来发生的几件事情证明了雷鸣老师的猜测：小Y是一个不自信的学生。

第一次课上，雷鸣老师曾信心十足地当众点名要小Y回答问题，没想到她竟闭着嘴唇，眼睛盯着其他地方，任凭雷鸣老师怎么鼓励，就是一声不吭，旁边的同学忍不住催促她。面对老师、同学的鼓励，她却把头转向了另一边……

小Y的学习成绩很优秀，但她的字却不尽如人意。有一次，雷鸣老师看到小Y的书写比以前稍有进步，就想鼓励一下这个不自信的学生。于是，雷鸣老师就对她说："你今天的字写得真不错。"可是小Y的回答竟是："我知道你在骗我。"

还有一次，当雷鸣老师要求全班同学告知家庭住址、联系方式时，只有小Y一个人因担心老师家访而拒绝提供。后来雷鸣老师上门家访，刚到她家楼下，小Y就飞奔下来把他堵在了门口，结结巴巴地说："雷老师，我知道我不是最好的，您就别到我家来家访了，您来家访也改变不了我什么，您还是回去吧……"

雷鸣老师通过观察发现，小Y对自己的角色十分敏感，内心矛盾冲突比较严重，甚至流露出逃避学习的心理。只要意识到别的同学成绩紧跟其后，她就十分紧张，总是害怕失去了第一的位置。

能升入这所高中的学生学习成绩都很出众，但是雷鸣老师发现，高中三年下来同一班级的学生成绩却大相径庭。雷鸣老师分析成绩落后学生的原因：一部分中途放弃了努力；一部分专注度不够，学习成绩波动很大；还有一部分失去学习的目标，茫然不知所措。于是，雷鸣老师经常在思考：为什么初中成绩优秀的学生上了高中会放弃努力或变得落后？为什么不能让所有进入优质高中的初中成绩优秀学生一直保持优秀甚至卓越？

现在的学生大多是独生子女，在家庭中得到百般呵护，这使得他们一旦离开家庭则会不合群，产生较强的焦虑和不安全感。那些"成绩优秀的学生"带着初中成功者的自信迈进高中的校园，但是他们万万没有想到，一个个原来的班干部、团干部，如今已没有了自己领导别人的份儿。在一个新的、更优秀的集体中，往日出类拔萃的优势已荡然无存，人也变得很不自信。老师如若不关注这些现象，及时给学生开导、鼓励，不少学生心理的气球就难免泄下气来。面对这些问题，雷鸣老师背负着很大的压力，和他一样，其他教师也有相同的感觉，他们不断地探寻解决问题的方法，力求打破这种局面。

二、学生发展的内在需求

雷鸣老师还发现，造成像小 Y 这样的优秀学生不自信的原因，除了个人性格外，还有学校和教师教学方面的因素。当前的教学现实以学习成绩为中心，以考试的要求和标准为"绝对真理"去组织教学和衡量学生。谁要是不以学习成绩为中心，谁要是不按考试这个"绝对真理"或"绝对标准"去学习，谁就只能失败。随之而来的便是同学们的白眼、教师的指责、家长的打骂和社会的鄙视。如果一再失败，会导致他们信心的严重丧失，甚至干脆破罐子破摔。从心理学的观点来看，健康人格的发展和自主意识的形成、完善，都是在个体社会化过程中逐渐实现的。而处于青春期的学生，在这个社会化的过程中，"外在强化的方式逐渐转化为由个人对环境的认识等内在因素调节"。[1]那些"成绩优秀的学生"在"心理自我"发展过程中，"心理断乳"后受到来自自身怀疑、羞耻、内疚、自卑等心理问题的干扰，他们很难在进入高中后及时依靠自己的力量"自我探索"到稳定的目标，很难整合青春期应具备的人格品质，也就很难整合心理学上的"自我同一性"。"高中时期的学生很少有人能达到该阶段，绝大多数人要持续几年后才能做出选择"。[2]老师如果不认真对待高中生的心理与发展需求，给他们以教育、支持和帮助，他们中有人"中途放弃了努力"，或"成绩波幅很大"，或"长时间面对落后茫然不知所措，甚至高考名落孙山"就不足为奇了。换句话说，作为青少年成长引路人的教育工作者，应注意青春期学生心理上的这个特点，尊重他们的内在发展需求，为学生搭建自信和自觉的舞台，让学生自强不息地去追求人生的目标。因此，培养学生自主发展的意识就已经成为教学中的重要方面。

经过认真分析问题，雷鸣老师开始从心理学的角度，透过种种现象，探寻不自信学生问题的本质。雷鸣老师观察到高中学生在学习生活中的各种表现，正是他们心理自我的外在反映。对处于"心理自我"（青春期开始发展和形成）阶段的高中学生，雷鸣老师遵循教育心理学的观点，找出了问题的症结：青春期"心理断乳"与自主意识培养的缺失。他认为保持这个群体优秀甚至卓越的

---

[1] 皮连生. 学与教的心理学 [M]. 上海：华东师范大学出版社，1997：57.

[2] 皮连生. 学与教的心理学 [M]. 上海：华东师范大学出版社，1997：52.

关键点和切入点是学生的自主意识发展问题。

为此，雷鸣老师依据教育学和心理学的原理，针对学生心理发展问题的症结，通过引导他们形成健康的自我概念，培养其正确的自主意识和良好的意志品质，解开阻碍学生成长的镣铐，让学生树立起自信的支撑点，并逐渐将自信转化为一种自觉，从而自信、自主、自觉地去发展自己，用自强不息的信念去保持优秀和追求卓越，实现成人、成才、成功的目标。

人的生命本身蕴含了多方面发展的潜能，每个学生都有其个别性，不同的认知特征、不同的兴趣爱好、不同的欲望要求、不同的价值取向、不同的创造潜能，铸造了千差万别的每一个独特的学生，在教育中强调全面发展的同时，要使每个学生富有个性地发展，这一切都要靠培养学生自主发展的意识来实现。

三、课堂教学的任务

事实表明，以传授和记忆知识为主要特征的传统的课堂教学模式，已很难适应社会发展和学生成长的需要。目前的教学实践需要在课堂教学的重心上实现转移，把以传授知识为主要任务的教学转移到以发展学生的智能为主要任务的教学上来，把以教师为中心转移到以教师为主导、学生为主体上来，把注重学习结果转移到注重学习过程上来，把强调教法转移到强调对学生的学法指导上来，把注重学生识记知识的教学活动转移到注重学生创造性地运用知识的活动上来。

雷鸣老师反思了自己的教学工作，尽管有丰富的教学经验，但深感自己教育价值观的狭隘。教学更多的是从考试的要求出发，只注重学习成绩比较好的学生，这不仅违背教育平等的基本理念，而且从教育效益来说，多数人的潜力未能得到挖掘，也是极大的损失。经过反思，雷鸣老师认同"教育是一种价值观"的理念，认为应该坚持以人为本，注重培养学生的创新精神和实践能力，引导学生实现自主发展，全面提高综合素质。

雷鸣老师对自己的教学活动做了如下思考：教是为了不教，教师呕心沥血教育学生，为的就是让学生学到基础学科中那些最基本的东西，使学生具备进一步求知的本领，养成自觉学习的习惯，掌握求知的"金钥匙"，能够"无师自通"，提高创新和实践能力，适应大学阶段深造的内在要求。教与学、师与生是贯穿在整个教学过程中的一种最基本的关系。教师的主导作用和学生的主体作用，两者缺一不可。首先，教师在教学活动中处于指导者、组织者和教育者的地位，教师要遵循学校的培养目标和学生的身心发展规律与特征，对学生进行施教和指导，促进其素质的全面发展。其次，学生是教学活动的主体，学生在课堂教学中应当主动地而不是被动地学习。学习就是对知识和方法的内化过程，而这种内化的先决条件是学生的主动性和积极性。因此，培养学生自主发展的意识正是素质教育赋予课堂教学的重要任务。

第二节 培养学生自主意识的尝试

一、匿名的建议

学期过半之际，雷鸣老师感觉自己付出了很多劳动，无论教学还是班级管理，自觉是满意的，但还是想听听学生的意见。于是，他就利用班会时间，让学生以匿名的形式对他的工作提提意见，以下是部分学生提出的意见和看法。

例 6-2-1 匿名建议（一）

尊敬的班主任：

这个学期以来，大家都明白您的用心良苦。您为了我们的学习日夜担心而憔悴的身影，同学们都看在眼里，疼在心里。其实大家都想把整个班级搞好，我们也认为您做得很好！只是我们不太适合您的这种教育方式，这种教育方式对于我们来说没有效果。我们毕竟是年轻人，比较喜欢多一点自由和空间，我们需要的是老师对我们的信任和理解。老师，您可以试着换一种方式来教育我们，放开手让我们去创造，或许可以创造出新的0309班，而不是仿照着0302的模式！0309不是0302，我们受不了那种压抑而死气沉沉的班级生活！您也不必时刻都在我们身边了解情况，这样是同学们所不喜欢的。您也不要只在意班团干部的意见和看法，他们和其他同学的观点是不太一样的。

总之，要搞好九班，我觉得应该改变一下我们班的管理方式，选举一个新的班委会，加上班级同学的全力支持和团结协作，相信我们九班会是最好的。

例 6-2-2 匿名建议（二）

教书教得好，管人管得不好

建议：多讲点学习方法，深入同学内部，了解同学们的学习和生活等方面的情况。老师您应该多和同学们交流，不只是学习上，生活上也聊，甚至有时候可以和我们开玩笑，不要整天板着脸，让我们感到害怕，不敢主动和您敞开心扉去聊。

例 6-2-3 匿名建议（三）

不要把太多心思花在我们身上，这样老师累，我们也累。应该适当地给我们一点空间，相信我们，让我们成为交流心声的朋友。

老师，您应该再自信一些，不要走路老看地板，和同学说话也不要把手放在嘴巴那里。您是老师，我们是学生，我们本来就应该尊重老师，老师应该没有什么放不开，看不透的。

没了，老师您做得还是很不错的。

学生的这些匿名建议深深地刺疼了雷鸣老师，虽然他很理解学生们的想法，但一直以来自己全心全意地为了学生，结果却事与愿违，这让雷鸣老师难以心平气和地去面对。班级就是一个社会，班级中师生之间的关系、同学之间的关系就是社会关系的缩影。虽然学生对他也很尊敬、很理解，但是他衷心地希望自己与学生的关系越来越好，更希望能够形成一个有利于教学开展的班级氛围，为此，他就决心改革自己的班级管理模式。于是，在班级管理的过程中，雷鸣老师开始改革管理模式，构建课堂学习共同体，引导学生转换角色，让学生从被动的客体转变为能动的主体，并根据他们的特点和需要，以人为本地开展工作，使每个学生都得到相对全面的发展机会。

二、构建课堂学习共同体

教学是在一定的课堂中进行的，课堂是教师与学生结合在一起共同活动的场所。在雷鸣老师看来，"课堂学习共同体"这一观念，把教师和学生从一种"客位"的学习状态转向一种"主位"的学习状态。共同体成员间学会合作和彼此欣赏，不仅有助于知识学习和技能形成，而且还有助于包容与接纳多元的文化，最终能够形成学生的自主意识品质。课堂学习共同体的建立是学校转型的一个重要标志。

虽然建立学习共同体并非自今日开始，杜威的实验学校、要素主义学校联盟与霍姆斯的"基础学校共同体"等都不同程度地体现了学习共同体的教育理想。但是传统的课堂因其"形式类似于工厂的流水线，……整个学习都发生在人造的情境中，使学习脱离生活情境、社会情境，导致知识意义丧失"而饱受批评。[1] 实际上也是如此，传统的课堂只是靠强制的力量而形成的共同体，背后隐藏着人的异化和权利的失衡，这种共同体几乎没有共同体的亲和力和凝聚力，更没有共同的精神可言。[2] 因此，严格地说，传统的课堂不能被称为"课堂学习共同体"。对于课堂学习共同体来说，最主要的是营造一个系统的学习环境，在这样的环境中，作为共同体成员的教师和学生拥有共同的目标，并有机会获得来自环境给予的帮助和支持。倘若如此，学习就会真正发生，并能够

[1] 冯锐，金婧.学习共同体的思想形成与发展 [J].电化教育研究，2007（3）：72-75.

[2] 齐格蒙特·鲍曼.共同体 [M].欧阳景根，译.南京：江苏人民出版社，2003：41-42.

有效地达成师生的个人发展目标和学校的共同体发展目标。

（一）寻求共同的情感归属

教育心理学研究表明，情感作为一种潜在的动力机制，对人的言行具有激励、诱发和调节的功能，人的归属感是人类的一种基本的动机，相互理解、相互信任的归属感对人的成长和发展有着极为重要的意义。博耶尔（Boyer）在《基础学校：学习的共同体》中首次使用学习共同体的概念，并把"有共享的愿景"作为"在学校建立真正意义上的学习的共同体"必须具备的第一个条件提出来。根据博耶尔的观点：学习共同体是所有人因共同的使命而朝共同的愿景一起学习的组织，共同体中的成员共同分享学习的兴趣，共同寻找通向知识的旅程和理解世界的运作方式。麦克米兰（McMillan）和查维斯（Chavis）从心理学的角度将共同体界定为"一种成员所拥有的归属感，一种成员彼此间及与整个群体休戚相关的感情，以及对成员的需求将通过他们对共同生活的认同而得到满足的共同信念。"[1]

雷鸣老师把课堂学习共同体看成一处交通枢纽，班主任是交通枢纽的中心，一头连接着学生和家长，另一头连接着任课老师。他相信只要大家加强交流、沟通，那么班级的秩序就不会混乱，班级管理的目标就会实现。

雷鸣老师认为，"课堂学习共同体"的构建需要有一个观念认同的过程，有了"观念认同"，共同体成员才有可能将共同体的要求和规范转化为个体的自觉行为。雷鸣老师把"共享的愿景"作为课堂学习共同体所有成员的"共同信念"，使其成为所有成员共同的情感归属，从熟悉彼此的名字开始，让大家自然而然地产生班级的归属感。雷鸣老师在该阶段花了大量的时间和精力，逐步构建起"理想说话环境"。

在教育教学实践中，雷鸣老师采用学生干部轮换制、关爱"问题学生"、重视特长教育等多种方式，真正面向全体，切实让每一个学生得到关怀，促进全体学生的健康成长。从2002年9月担任学校政教处主任开始，雷鸣老师在班级管理方面进行了大胆的改革和探索，进一步完善和实施《学校"文明班级"考评办法》，从德、智、体、美、劳各个方面培养学生自我约束、自我管理、自我调节的能力，养成学生的主人翁意识，使班级形成一个团结向上的群体。他注重引导各班级恰当地处理竞争，并运用鼓励手段，形成比学赶帮，你追我赶，力争上游的局面，极大地调动了广大师生特别是班主任和学生干部的积极性，增强了班集体凝聚力，促进了良好班风的形成，提高了全体学生的综合素质。

---

[1] McMillan，D.W.&Chavis，D.M. Sane of community: A definition and theory[J]. Journal of Psychology，1986，14（1）：6-23.

通过努力，一个共同体就组合起来了。

在课堂学习共同体发展的初级阶段，特别是新的课堂学习共同体组建的初级阶段，共同体成员都有很强烈的归属感，每个人都希望自己被别人喜欢、被别人接受，并试图找到适合自己的位置。共同体共享愿景的建立，能够促进共同体成员间相互包容，让个体觉得已经被他人接纳，体会到自己是共同体的一员，从而在心理上彼此接受。共享的愿景是一把闪闪发光的金钥匙，能开启课堂学习共同体的大门，帮助学生们茁壮成长。

雷鸣老师的班级有个叫张文的学生，经常完不成作业，考试成绩也不尽如人意，而且和同学的关系也特别紧张，尤其是同桌，称得上三日一大吵，两日一小吵。为此同学们排挤他，父母也不指望他学成什么，只要求他不违法犯罪就行。为了张文这个学生，雷鸣老师没少动脑筋，各种尝试之后，雷鸣老师把解决问题的着力点放在寻找张文的优点上。这学期，雷鸣老师在班级搞了一次特长展示活动，学生的特长展示真让他眼花缭乱：手工、书法、唱歌、跳舞……全班只有张文没有报名。这时候雷鸣老师并没有责问他，而是热情地鼓励他参加，张文低着头自卑地说："雷老师，不是我不想参加，我实在是什么都不会。"雷鸣老师耐心地启发他："特长不一定就是高大上的，只要是有拿手的就可以。"张文怯怯地问："雷老师，那削苹果行吗？"原来，张文家来客人的时候，爸爸经常让他削苹果。雷鸣老师没有丝毫迟疑，爽快地答应了他。

展示活动那天，张文在大家的注视之下，拿出了小刀和苹果，两只手熟练地转动着，不一会儿，一只圆滑晶莹去了皮的苹果和一条匀称的金色果皮展现在同学们面前，同学们也情不自禁地热烈鼓掌。之后的日子里张文像一个打了胜仗的将军，不但神气十足，而且见了老师总会热情地打招呼，而且还展现出爱劳动的优点，每次教室里的饮用水一喝完，他就自告奋勇地拿起空桶去总务处打水。看到张文的变化，雷鸣老师抓住时机在全班同学面前表扬他，课后也更多地关心他："作业做好了吗？要抓紧一点哟！"张文总是搔着头回答说："还有一点点了。"雷鸣老师会笑着对他说："等一下我可是要来查的。"张文从雷鸣老师的目光里读到了鼓励，慢慢地，他找到了心灵的归属，甚至一改原来的自卑，敢于在课上发言了，老师和同学们也更加愿意接受现在的他，由此促进了班级的相互包容和接纳。

（二）建立内化的行为标准

制度或者行为标准是课堂学习共同体构建中的重要方面，规章制度的实效性就具体表现为学校师生对制度内化的程度和效度，但是内化到师生心灵深处的制度必须是既严格又人性化的制度。在苏联教育家苏霍姆林斯基的学校里的制度是这样制定的：孩子每天按照自己的意愿使用 5~7 个小时的学习时间，不允许低年级的学生一天在室内进行 3 个小时以上的脑力劳动，不允许 12~15 岁的学生花四五个小时做作业。这些人性化的制度促进了师生情感上的沟通。在课堂学习共同体发展的初级阶段建立共享的愿景，使共同体成员能够寻找到共同的情感归属，就会使共同体成员更加相信自己的能力，因而，共同体成员也就更具自主性，也更愿意接受共同体的价值观和行为规范，并愿意为自己的行为负责。雷鸣老师注重班委队伍建设，要求学生干部具备严于律己、勇于担当的意识，指导他们按照制度加强管理，确保课堂学习共同体健康地运行。

新班级的首要任务是在尽可能短的时间内建立一个团结友好、相互信任的班集体，要让每位同学建立全新的集体印象，并尽快融入这个新集体中来。雷鸣老师给自己定了一个目标：在开学一周之内组建一个优秀的班委会。为此，拿到班级学生名单时，雷鸣老师就多方面收集学生资料，尽可能详细地了解学生的信息。然后对每一个学生进行仔细分析：初中时的表现，个人品德习惯和性格特点，爱好和兴趣等。开学第一天雷鸣老师让学生写自我介绍，认真阅读后，给每个同学的介绍写了批语。这样就基本掌握了所有学生的特点，从而为制定班级工作目标和选择工作方法提供了比较可靠的依据。组建班委会时，雷鸣老师鼓励每位同学积极参与竞聘，并告诉所有同学，希望看到他们为班集体服务的热情和担当。在提前了解情况的基础上，雷鸣老师根据学生自荐和同学评议，三天之内成立了临时班委会，成员包括班干、组长和各科课代表，同时他宣布一个月后全班民主选举组建新的班委会。雷鸣老师号召每一位学生在这一个月内认识班上所有同学，并和每一位同学有至少一次的交流和接触。雷鸣老师非常清醒地认识到，一个班级风气的好坏与班委会有直接关系，没有一个积极高效、团结向上的班委会，班级工作将会一筹莫展。而目前这个班委会的很多成员此前没有担任班干部的经历，他们缺乏信心和经验，因此班干部的培养成了班级工作的首要任务。雷鸣老师在班会上明确了合格班干的条件：能成为全班同学的榜样，在学习生活中能起到表率作用；热心班级工作，为班级服务有激情和责任心。然后对每位班委成员的分工进行了详细的说明，要求他们各司其职，并鼓励全班同学对班委会成员的工作进行监督，每月对班委会成员进行考评，奖励优秀，淘汰不合格。在班级管理中，雷鸣老师经常召开班委会议，鼓励同学们放手工作，和他们一起探讨工作方法，倾听他们的意见和建议，遇到困难时帮助他们出主意，找方法，释难点。雷鸣老师给班委会创造锻炼机会，让他们主持主题班会，独立开展课余活动，鼓励他们用自己的思维和方式去解

决班级问题。在班级管理中，建立起了班干部管理、值日生管理和任务承包责任等一整套制度，保证了事事有人干，人人有事干。这种广泛参与的过程使学生在集体中找到自己的位置，形成了责任意识。经过全班同学特别是班委会同学的努力，这个班集体形成了团结友爱、积极向上、学风浓郁的氛围，营造了文明健康、秩序良好的学习生活环境。

规章制度是共同体成员共同遵守的行为准则，建立规章制度是为了实现课堂学习共同体的目标，保证课堂学习共同体有序地运行。但是，传统的班级中，规章制度大多来自学校意志，借助外部力量执行规章制度。为执行制度而执行制度，把重点、精力都花在了强调制度、检查制度上，把推行制度的过程变成了对师生行为的约束、限制的过程。

作为学生内化的行为标准的班级规章制度必须体现以下三个方面的要求。

1. 符合实际

教育过程是知、情、意、行综合作用的过程，也就是师生社会化的过程，课堂学习共同体的规章制度应该体现这一要求，但是规章制度内化为师生的行为标准的前提是规章制度必须符合班级的实际。因此，雷鸣老师重视师生的主观能动性和自我教育的作用，从师生的生活需要和发展需要出发，激发情感，引起情感共鸣，并在学生的学习活动与社会实践活动中，把规章制度内化为师生的行为标准。为此，雷鸣老师"广开言路"，不论在规章制度制定，还是规章制度的执行中，都及时听取师生的意见和建议。在班委会的管理上，他敢于放手，让班委会独立组织了一系列的活动，在活动中锻炼了班干部的能力，增强了班级的凝聚力。下面是该班委会开展提高"节水·节电"意识系列活动的策划方案。

例 6-2-4　提高"节水·节电"意识活动策划方案

为强化广大师生的节水节电意识，促使师生们养成节水节电的好习惯。班委会决定开展提高"节水·节电"意识系列活动。方案如下：

活动一："节水·节电"主题班（团）会

（一）参加对象：本班全体同学。

（二）活动时间：10 月 13 日—11 月 12 日。

（三）活动内容：召开"节水·节电"主题班（团）会，要求全体同学参加，并将活动总结于 11 月 14 日前交到莫增宽同学处。

各小组按班委有关要求对活动进行交替检查、评分，11 月 14 日前将检查结果交到莫增宽同学处。

活动二："节水·节电"标语征集

（一）参加对象：本班全体同学。

（二）活动时间：11 月 1 日—11 月 18 日为标语征集时间，11 月 21 日、22 日为评比时间。

（三）标语要求：

①标语内容须与"节水""节电"有关。

②标语要有创意，严禁抄袭。

③在标语后注明作者姓名。

（四）评奖标准：①内容健康；②言简意赅；③使人印象深刻；④发人深省。

（五）评奖人员与办法：以小组为单位，11 月 18 日前将标语交到张贵德同学处。由班委会成员评奖，评出一、二、三等奖若干名，并从中评出最具创意奖、最具才气奖、最具警醒奖。

（六）后期工作：给获奖者颁发奖状、奖品。学生会制作"节水节电，从我做起"宣传板报，11 月下旬在中厅展出。

活动三："节水·节电"从我做起

（一）参加对象：本班全体同学。

（二）活动时间：2005 年 10 月—2006 年 1 月。

（三）活动内容：

推荐学校广播站开辟"节水·节电"广播专栏，太阳雨文学社举办"节水·节电"征文活动，并将文章择优刊登，在全班甚至全校范围内营造节水节电良好氛围。

广大师生应在活动中养成节水节电的良好习惯。同学、师生之间要相互提醒、相互监督，遇到学校范围内的浪费水电现象可用书面形式报送到老师办公室。经核查属实，在班级公布并对报送的同学进行奖励；对造成浪费的班级进行扣分，对有关人员进行批评教育。

活动奖励：班委根据三个系列活动的情况，于 2006 年 1 月评选出提高"节水·节电"意识活动优秀组织奖，颁发奖状和奖金。

班委会

2005 年 10 月 13 日

2. 人文关怀

泰戈尔曾经说过："不是铁器的敲打，而是水载的歌舞，使粗糙的石块变成了美丽的鹅卵石。"[①] 太阳的光芒普照大地，照亮前程，人文关怀就是学生心中的太阳。从某种意义上讲，人文关怀是教育的根本和源泉，是课堂学习共同体建构的主题，也是课堂学习共同体成功的秘诀。课堂学习共同体并非只有铁打的纪律，也应该有浓浓的人文关怀。具有人文关怀的规章制度，如水载的歌舞，能放飞师生的灵魂，发展师生的个性，缩短他们心灵之间的距离。这种无言的力量能够营造一种心情舒畅和积极向上的氛围，使课堂学习共同体保持旺盛的生命力。

在雷鸣老师的班级里，有些学生课前准备总是不充分，于是经过全体同学讨论后，班级的规章制度中增加了"进行充分的课前准备活动的内容"，在该制度执行之初，为了给学生一些压力，雷鸣老师规定每位同学只允许有三次"犯错误"的机会，三次之后就要接受"批评"。时间过了一周左右，大部分同学都已经逐渐习惯了这一规定，可是班里一个大个子男孩总是忘记。有一次雷鸣老师上课，发现这个大个子男孩又没有把学习所需要的东西准备好，而这已经是他第四次"犯错误"了，按照班级的规定，这个大个子男孩应该受到"批评"。雷鸣老师正在盘算该如何处理的时候，有些学生已经在小声地嘀咕："××可能有健忘症。""他总是这样，这可是第四次了。"雷鸣老师没有发火，而是选择平静地宣布上课。这时他发现自己的眼镜也没有带，于是他就走到这个大个子的男孩身边说："同学，真是抱歉呀，我忘记戴眼镜了，我离了眼镜什么也看不清，你去办公室帮我拿来好吗？"这个大个子男孩受宠若惊，以最快的速度完成了这个"光荣"的任务。雷鸣老师接过眼镜，向这个大个子男孩真诚地致谢，然后说："如果一个人经常马马虎虎，丢三落四，多么误事呀，让我们一起努力，消灭健忘症好吗？"

若不是多年后学生聚会的时候提起这件事，雷鸣老师几乎无法记起。在雷鸣老师的孩子一周岁的时候，他教过的学生有很多给他贺喜，雷鸣老师也摆了酒席招待前来贺喜的学生，当年那位大个子男孩也在其中。席间，这位大个子男孩（现在已经是一家茶厂的老板）提起往事，特别感谢了雷鸣老师，说雷鸣老师用诚挚的心融化了自己的心理冰川，点燃了希望之火。

3. 发展创新

社会是发展的，没有发展就没有进步，作为规章制度也必须遵循这样的规

① 周正华.影响教师的 101 个经典教育案例 [M]. 长春：北方妇女儿童出版社，2007：163.

律。一般来说，规章制度具有较强的时间性和场合性。雷鸣老师根据课堂学习共同体的实际需要，及时地调整、补充和完善规章制度，并针对不断出现的新问题，提出新的解决措施，使规章制度能够适应学校内部和外部情况的变化。

开学伊始，雷鸣老师在报名时通过观察，指定了几位他认为有能力的临时班委，随着时间的推移，很多同学不再听从班委的指挥。面对这一情况，雷鸣老师及时改选了班委，这次不再是老师指定，而是由过去的班委推荐，然后由全体同学民主选举班长和团支部书记，再由班长和书记组阁，新组成的班委效率很高，班级管理有序进行。之后班里的很多工作，雷鸣老师只是给予适时的指导，主要工作都由班委、团支部来完成。新的班委成员中，班长和学习委员两个人的成绩比较好，在他们的带领下，建立了互帮互学的"共生圈"，在班风和学风上产生了巨大的共生效应。

（三）确立互惠的合作关系

课堂学习共同体作为一个缩微的社会组织不是不存在冲突的，相反，正如约翰逊兄弟（D.W.Johnson&R.T.Johnson）所言：当某人的观点、结论、理论或意见与他人的不一致，而两者又试图去达成一致时，冲突产生。[①] 雷鸣老师课堂学习共同体建设的实践证明，个体自身内部、个体与个体之间、个体与群体之间的冲突经常发生。特别是在课堂学习共同体形成的初期，师生在知识基础、智力水平、认知风格、思维方式、性格、兴趣、自我期望等方面的异质结构，使得每个师生个体都用其独特的"视域"去感知世界，因而往往会对同一事物产生不同的看法。但是，冲突并不必然带来破坏性结果，约翰逊兄弟和凯兹顿（Cazden）等人的研究发现，冲突提高了某人观点正确性的不确定性，促使团队成员去重新思考他们最初的观点，强化了对更多信息的好奇心，增强内在的、持续的动机，提高观点选择能力和人际沟通的能力，学生因此也会取得更好的成绩。[②] 下面转述的雷鸣老师的班级工作日记，记录了他和一名同学发生冲突及其解决的过程。

例 6-2-5 雷鸣老师的班级工作日记

李伟是雷鸣老师班级的班长，思想较复杂，不是那种清澈透亮、一眼就可以看穿其心底的孩子。对他，雷鸣老师难言喜欢。

上学期末，学校让各班级评选"三好学生"，雷鸣老师提了几个同学的名字，当时，李伟就在底下问："老师，是你选还是我们选？"雷鸣老师心里有些生

① Smith, K., Johnson, D. W. &Johnson, R. T. Can conflict be constructive ? controversy versus concurrence seeking in learning groups[J]. Journal of Educational Psychology, 1981, 73（5）: 651-663.

② 施利承，杜卫玉. 冲突：合作学习中的多边对话 [J]. 天津市教科院学报，2008（1）: 40-42.

气，但还是平静地说："李伟，我只是说这几个同学符合'三好学生'的标准，但没有说就定他们呀！"雷鸣老师的语气虽然平静，但是夹杂的不友好的味道还是很明显的。因为这件事情，雷鸣老师和李伟的关系总是有点疙瘩，雷鸣老师也试图让自己喜欢班里的每一位学生，但是对于李伟，雷鸣老师却怎么也喜欢不起来。

按照惯例，这学期开学后又开始改选班委，面对并不激烈的竞选场面，雷鸣老师为了打破僵局就提高了声音说："有没有人竞选班长？没有班长的话我们班怎么开展工作呢？""那就不开展了。"又是李伟在插话。并且这些话从目前还是班长的李伟口里说出来，就如同冬天里的一盆冷水浇在了雷鸣老师的头上，他半天没有说出话来。雷鸣老师虽然竭力控制着自己的情绪，但还是忍不住激动起来："这可能吗？那我们还是一个班集体吗？这种话从现任班长的口里说出来，我感觉非常悲哀。"

班会结束后，尽管班委已经确定下来，但是，雷鸣老师的心情却很郁闷，他知道这个疙瘩在李伟，是李伟的言语让他不舒心，雷鸣老师决定解开这个疙瘩。于是，自习课的时候，雷鸣老师把李伟从教室里喊了出来，出乎雷鸣老师的意料，还没有开始说话，李伟的眼泪就流了出来。为了打破僵局，雷鸣老师岔开了话题，转到学习上来了。"这个学期你一定要努力学习，我很为你的学习着急，以后政治需要背诵的部分，课后来办公室背诵给老师听好吗？我们一起努力，争取这个学期在学习上有大的起色。"李伟只是点了点头，但没有明确的答复。

谈话结束后，为了和李伟有更好的交流，雷鸣老师提起笔给李伟写了一封长信，并于第二天交给了他，李伟也没有回信。但在下午课外活动时间，李伟拿着政治书来到了雷鸣老师的办公室，李伟居然记住了雷鸣老师的话，来找他检查政治背诵情况，对雷鸣老师来说，这真是个奇迹。后来的日子里，凡是雷鸣老师要求背诵的内容，李伟都来办公室找雷鸣老师检查，突然间，雷鸣老师发现李伟是那样的可爱。

课堂学习共同体真正的发展需要一种共同体成员间认知上的冲突，冲突对课堂学习共同体起着驱动的作用。没有冲突，我们就无法形成新思维；没有冲突，我们就会缺乏力争上游的动力，学生会在经历冲突和解决问题的过程中激发潜能，培养他们应对冲突的能力。但是，这些冲突不会自动转化为课堂学习共同体构建的动力，期间要发挥引导的作用，使师生在解决冲突的过程中，建立互惠的合作关系，促使课堂学习共同体由不平衡向平衡地进行动态的发展。

1. 营造宽容和理解的氛围

研究表明："当外部威胁降到最低限度时，学生就比较容易觉察和同化那些威胁到自我的学习内容"。[①] 营造宽容和理解的氛围，为师生创设良好的学习环境，让师生在自由选择、自行决定中解决学习冲突。通过积极营造相互支持和信任的氛围，在解决冲突的过程中，师生的多种不同观点受到尊重和鼓励，师生敢于表达自己的观点，班级成为满足师生的安全需要、归属需要和成就需要的地方。

雷鸣老师发现这样一种现象，大多学生通常不重视学习好的同学，而重视体育优秀的同学，很大原因在于体育上的成功有利于集体，而学习上的成功只有益于个人。互惠合作可以改变这种认识，使学习成绩优异的学生更加容易被其他同学接受。雷鸣老师在课堂教学的过程中经常把不同学习风格的学生混合编入到各小组中完成合作任务，或者联手解决问题。他给小组布置的任务更多地考虑学生的乐趣而不是学业，这就容易使他们产生团队的感觉，从而形成宽容和理解的氛围。

雷鸣老师对"钉子户"学生给予了更多的宽容和理解。有一次，一个学生在寝室里打牌，而且面对质询拒不承认。雷鸣老师没有生气，依旧耐心地同他交谈，这种润物无声的教育方式，最终打开了他的心扉，这个学生主动向雷鸣老师认错，并讲述自己的人生历程、家庭环境、学习目标以及对班级的看法。雷鸣老师用真诚换来信任，用宽容赢得尊重，用理解获得成功。通过努力，该学生在期中考试中取得全班第一名的好成绩。如果没有宽容和理解的氛围，就没有这一切。

2. 培养互惠合作的意识

随着基础教育课程改革方案的实施，综合化课程等许多基础教育课程改革目标的实现，必须依靠教师之间、师生之间的密切配合、相互合作才能完成。[②] 互惠合作不只是一种学习方式，而是一种生活方式，是一种价值观。教师和学生有其主体性，营造互惠合作的氛围就是将个体间的差异作为一种教学资源，倡导不同主体价值的创造、建构与分享，将学校的话语权移交给师生，以师生之间、学生之间的交往和对话为手段，通过批判性思考，进行内部协商，培养学生的互惠合作意识。通过培养互惠合作的意识，使学生形成自我感受和辨别意识，提高自尊水平，增长社会经验和规则意识，并最终促进个体社会化进程

---

① 沈德立. 高效率学习的心理学研究 [M]. 北京：教育科学出版社，2006：23.

② 刘光余. 论基础教育课程改革中的教师意识 [J]. 当代教育科学，2003（16）：28-30.

和良好个性品质的发展。

为了培养学生互惠合作的意识，雷鸣老师根据"组间同质，组内异质，优势互补，力量均衡"的原则构建了合作小组，每组 4~6 人，通过活动促进学生的交流与合作。他让学生在交流中进行思想火花的碰撞，在活动中加深知识内容的理解，享受学习乐趣，培养合作意识。雷鸣老师所营造的人与人"心理相容"的友好氛围，促进了不同背景的学生互相帮助，使他们在互惠合作的过程中学会彼此欣赏，共同完成任务，这些措施在发挥学生主动性方面起着积极的作用。

3. 增强互惠合作的技能

课堂学习共同体产生冲突的原因是多方面的，其中一个重要的原因就是共同体成员缺少合作的技能，因此增强互惠合作的技能在构建课堂学习共同体的过程中有着重要的作用。罗米索斯基（Romiszowski）于 20 世纪 80 年代初提出了合作技能理论，认为合作技能包括 7 个方面的内容：态度与情感、寻求与提供信息、提议、支持与扩充、引导与阻止、异议、概括。我国学者陈艳认为，合作的基本技能主要有 10 项，它们是听取、说明、求助、反思、自控、帮助、支持、说明、建议、协调。[①] 在我国当前课程改革的形势下，教师和学生应该用多种方式培养学会倾听、学会表达和学会互助等方面的技巧和技能，让师生带着善于倾听的耳朵走进沸腾的学校生活，倾听成功者的真实足音，倾听残疾者的生命表白，倾听一串串鲜活的课堂故事，并从中体会到成功的喜悦。

雷鸣老师认为，批评学生时可以适当"嘴懒"。不要一见到缺点就对学生劈头盖脸、喋喋不休地批评，批评教育提倡"缓刑"，给学生一个自省的"缓冲地带"，并帮助他们创造反思和纠正的时机，这样更容易和学生交心，从而减少"情绪对立"。

例 6-2-6

曾经有一件事让雷鸣老师记忆犹新。在一次作业评讲课上，班上的一名同学当众检举他的同桌抄袭作业。被检举的同学一下从座位上蹿起，师生冲突由此开始：

"我没抄！"

"那你的同桌为什么说你？"

"反正我没抄！"

"没问过别人？"

"问了，他没告诉我，所以我没抄。""你问别人的目的是什么呢？"

---

① 王坦. 合作学习的理念与实施 [M]. 北京：中国人事出版社，2002：171-172.

"他又没告诉我，你们这么说我就不对。"

"我并没有说你，而是在问明原因，我相信你是自己做的。""反正我说什么您也不信，您就是在说我。"

"那你不用老师管吗？""不用！"

谈话一下子陷入了僵局，雷鸣老师意识到问题的严重，便停止了交谈。事后，雷鸣老师又找到他，他还是一副不可接受的样子。之后雷鸣老师第三次找他，改变了交谈的内容，从他的学习、生活谈起，更多的是鼓励与帮助，雷鸣老师充分肯定了他的优点，指出他是个诚实的学生，然后再向他坦诚地分析，说明检举的同学并没有恶意，也是出于帮助他，只是方式不一定合适。在摆明了这些道理之后，他认识到了自己的错误，向雷鸣老师道了歉。第二天，他给雷鸣老师写了一封长信，谈了自己的想法："我和您争执是故意的，因为我的小学老师就是这样，总偏心好学生，学习不好的学生说什么也没用，我认为您也这样。通过这件事，我改变了对您的看法，发现您根本就不偏心好学生，相反对我们这样的学生一样很关心，我当着全班学生顶撞了您，您不仅不记恨，还三番五次关心、帮助我，老师您放心吧，不会再有下次了。"

试想，如果当初雷鸣老师不是及时改变工作方法，一味地严厉批评、否定，那么，这个学生心中的疙瘩就会越系越牢，他会和老师对立下去，不可能主动认识自己的错误。相反地，在增加"缓冲地带"的基础上，雷鸣老师耐心地与他交流，使学生增加了对雷鸣老师的信任，建立了良好的师生关系。现在雷鸣老师把表扬和批评当作融洽师生感情、促进学生进步的动力，表扬和批评成了雷鸣老师有力的教育工具。

（四）达成双赢的发展目标

由于研究的角度不同，学者们对学习共同体有不同的理解。但是，无论将学习共同体视为一种"学习形式""组织关系"还是"教育存在方式"，课堂学习共同体的本质是课堂中教师和学生具有共同的目标，离开了共同目标的追求，课堂学习共同体就丢掉了灵魂。

课堂学习共同体的关注点不是将"必须掌握"的信息"灌进师生的大脑"，而是关注师生在面对各种问题情境时所进行的"对话"过程中的思想生成和持续改进的过程中，实现共同的目标。共同目标在课堂学习共同体中起着导向作用，决定着课堂学习共同体的计划安排、组织的形式和方法的选择，但是课堂学习共同体也必须同样注重个人目标的实现，只有将课堂学习共同体的共同目标转化为共同体成员的个人目标体系，课堂学习共同体的共同目标才能实现。

雷鸣老师认为，课堂学习共同体的发展过程就是课堂学习共同体目标和个人目标共同实现，达成双赢的发展目标的过程。

1. 确立课堂学习的共同目标

雷鸣老师认为现状与历史是走向未来的起点，在确立课堂学习共同体的共同目标之前，先要了解共同体及其成员的历史与现状，并进行系统的分析，从而找出课堂学习共同体的优势和劣势以及所面临的机遇与挑战，并据此确立课堂学习共同体的目标。但是，目标总是指向未来的前景，描绘明天和后天的蓝图。因此，雷鸣老师认为，课堂学习共同体共同目标的制定要具有前瞻性。

马上就要升入高二了，高二的文理分科，将会影响到自己的将来，因此雷鸣老师班上的同学都很关心这次选择。特别是分科考试过后，不少同学已经开始为自己打算。对于这个即将到来的十字路口，同学们正在做出他们自己的选择。

文理科班的比例正逐渐缩小，这一点在该校可以证明。有越来越多的同学选择文科，理由是喜欢文学，追求文学，文笔好，自认为有文学细胞，文科录取分数线比理科的要低等。有超过一半的同学认为自己会选择理科就读，有的同学甚至说不管自己的理科有多差，也会选择弃文从理。大家学理不学文的普遍原因是，文科需要记、背太多的东西，而且有些学科（如政治）太深奥太难懂，对此没兴趣。当然，也有很多同学认为学理可以锻炼自己的思维。根据个人的实际情况，学理较合适。诚然，"学好数理化，走遍天下都不怕"。

但是，雷鸣老师认为，还是谨慎为好，理科不是人人都适合的，不应该受外界的影响而戴上"有色眼镜"盲目地求学。

针对学生的这一现象，雷鸣组织主题班会"我的选择"演讲比赛、在读报时间开展"说句心里话"、选择《成功不只凭聪明》《高一的一点回忆》等文章读给学生听等一系列活动，这些活动充分挖掘了学生的智慧和潜力，引导他们形成正确的文理观，帮助他们根据自己的个性特长选择文理科。通过这些活动，班级还逐步建立起了自强、自主、奋斗的共同目标，学生在奋斗中体会到了快乐，领悟了人生的真谛。

2. 在"沉浸体验"中实现个人目标

课堂学习共同体发展开始进入平稳运行的阶段，这也是共同体成员在自己学业目标上取得重要进展的阶段。谢里尔·斯波尔丁（Cheryl Spaulding）以讲故事的方式告诉人们选择权需求和自主需求是非常重要的。有关研究也告诉我们，课堂学习共同体的共同目标不是强迫师生适应已设计好的教学序列，而是强调具有不同背景文化的学习者利用各自的专长，相互支持与合作，共同完成其共同协商确定的学习目标。雷鸣老师认为，在该阶段，不要过度地强调外部动机，而是必须随时掌握师生的思想动态，在关注师生需求的基础上，强调学习的内在价值，不断提高他们的抱负水平，不断增强师生的自我效能感，并在"沉浸体验"中逐步实现自己的个人发展目标。

雷鸣老师认为，一个班级要想有凝聚力，就要利用不同的机会让他们参与团队合作的事情，如校运会、课外集体活动等，让他们通过活动彼此更团结。如在校运会期间，运动员与非运动员彼此合作，没有人是置身事外的，雷鸣让学生结成对子，让每个运动员配一个同学，帮他们处理事情，陪检录、拿水等一些需要，他们都能完成任务，每个班级成员都为在场上的运动员打气，雷鸣被深深地感动了。

在一次元旦晚会的准备过程中，有些同学听到有人评价说舞蹈跳得不好就泄气了，准备放弃。文娱委员把情况反映给雷鸣老师，雷鸣老师立即找到跳舞的同学做他们的思想工作，一方面帮助他们放下包袱，另一方面鼓励他们积极排练。结果在师生的齐心努力下，这个节目获得了第一名。

3. 不同发展阶段目标有所侧重

雷鸣老师认为，课堂学习共同体中的共同目标和个人目标并不是在课堂学习共同体构建的过程中平均发展的，而是随着课堂学习共同体的发展，体现出课堂学习共同体共同目标和个人目标实现的层次性，在不同发展阶段共同目标和个人目标的实现有所侧重。在课堂学习共同体建立的初级阶段，雷鸣老师建立起了课堂学习共同体的共同目标和师生个人发展目标；在课堂学习共同体建立的稳定运行阶段，雷鸣老师下放权力，张扬学生个性，促使个人目标得到了充分有效的实现；在课堂学习共同体的成熟阶段，雷鸣老师引导学生在个性发展和个人目标实现的基础上，通过参与课堂学习共同体的管理等渠道，把共同目标和师生个人发展目标融为一体，在追求课堂学习共同体共同理想的过程中实现双赢的发展目标。

能够得到学校的信任，本学期担任高一班的班主任，雷鸣老师很高兴，同时也深知自己肩上的责任重大。雷鸣老师班级的学习情况一般，全班有69人：35名男生，34名女生，其中两人是降级下来的，这给了他不小的压力。在刚开始接受这个班级时，雷鸣老师就努力深入学生和学生交流，发现不少学生基础很差，个别学生纪律散漫，还有些心理素质和自我约束能力较差，这些都给班级管理带来了较大的阻力。

新生入校之后，雷鸣老师适时地召开班会，让学生学习规范，理解遵守规范的重要性，从思想上给学生以深刻的认识。在实际工作中，发现学生的违纪行为，引导他们进行"换位"思考，并及时进行教育，让学生在反省中受教育，得真知，约束自己，培养良好的行为习惯。时间如梭，转眼间，雷鸣老师所带领的班级已经进入高二上学期。对高中生来说，这个阶段是一个重要转折期，如何克服两极分化，让学生迅速适应高二生活是本学期的工作重点。一方面，雷鸣老师加大了对学生自治自理能力培养的力度，通过各种方式指导学生进行自我教育，让他们在自我意识的基础上产生进取心，逐渐形成良好的思想行为品质；同时指导学生进行自我管理，培养他们全面发展的能力，放手让他们自我设计、自我组织各种教育活动，在活动中把教育和娱乐融为一体。还注意培养学生的自我服务的能力，使他们不断完善自我，成为班集体的建设者，而不是"包袱"。另一方面，雷鸣老师有效地利用周日的班会课开展一些专题性的教育活动，如学习经验交流会，意志教育，习惯养成教育，提高自我教育能力等，这些活动有力地促进良好的学风、班风的形成。在学校的各项管理中，雷鸣老师的班级都取得了良好的成绩，班级管理工作向着健康的方向发展。

高三年级是学生的世界观完善的重要阶段，学习是本学期最主要的任务。同时，这一阶段面临课时和知识复杂程度的加重，以及毕业、升学等实际问题，学生的学习容易产生两极分化，有的学生会感到迷惘，甚至对前途失去信心。因此，把学习和思想工作结合起来就显得非常重要。为此，雷鸣老师有针对性地让学习委员和各科课代表共同主持了一台主题班会——学习方法之我见。大家各抒己见，畅所欲言，会后课代表整理加工并抄在黑板上。针对高三的学习特点，雷鸣老师主持召开了如何上好自习课的主题班会，让同学们知道自习课不是自由课，而是正课的有益补充，上好自习课的主题班会改变了自习课无所事事的局面，学生的学习效率得到了提高。

（五）实现动态的持续发展

随着时间的推移，课堂学习共同体进入了成熟的发展阶段，但是课堂学习共同体的发展仍然面临着新的考验、实现持续发展的问题。

雷鸣老师感受特别深的是，在学期、学年转换的时候，因学生转学、教师调动等原因而出现的变动和长假中共同体成员长时间分离等因素所带来的班级成员情感上的变化，课堂学习共同体会出现一些新的特点，甚至会出现一些新的冲突。因此，雷鸣老师会及时有效地收集班级的有关信息，根据班级在不同时期的特质，适时地调整发展策略，不断调整甚至重新设计各项措施、方案，实现课堂学习共同体动态地持续发展。

在该阶段，课堂学习共同体要适时地进行信息反馈，为此，雷鸣老师进行以下规划：如果课堂学习共同体已经达到了目标，需要分析做了什么？能否有更好的方法实现目标？还有哪些不足？是否有问题没有解决？如果没有达到目标，就需要考虑策略是否得当？执行是否到位？必要时重新考虑课堂学习共同体的发展策略和实施过程。

这一学期，雷鸣老师一如既往地努力工作，也取得了很多成绩，但由于这样或那样的原因，在期末工作总结时，雷鸣老师发现这个班依然存在不少需解决的难题：部分学生有学习习惯上的问题，尤其是在学习上不够坚持；还有部分同学上自习课时爱讲话，不但影响了别人学习，也影响了自己的学习效率；另外还有优秀生的培养和后进生的转化问题等。一学期下来，雷鸣老师积累了不少经验与教训，这成了他今后做好工作的借鉴。

师生共同目标决定了教学的目标不是教师教什么，有没有完成教学内容，而是学生通过教师的教学学到了什么，即学生在教师的教学后的学习进步和发展。构建课堂学习共同体以教师教得轻松，学生学得愉快的方式来实现师生共同认可的教师期望和学生自我价值，从而达成课堂教学的高效益，最终实现教师和学生的共同目标。

要实现这一师生共同的目标需要教师认真负责地、科学有效地教学，也需要学生勤奋刻苦地学习，科学有效地学习，因而在课堂学习共同体建立起"亲其师、信其道"的良好师生关系中，教师的教学就会充满热情，学生也会好学、乐学。在积极、活泼的课堂气氛中，学生也才会有轻松、愉悦的心理环境，从而产生积极的课堂氛围，调动教师教、学生学的积极性，从而产生良好的教学效果。

第七章 教学策略的探寻

教师的教学过程是一种精细的策略艺术，教师的教学准备、教学内容、教学方法、表达沟通能力、教学态度、教学管理等外显的和内隐的行为都会对教学效能产生不同程度的影响。研究表明，[①] 教师的教学效能与教学行为存在显著的正相关，教师教学行为对教师教学效能的高低具有直接的决定作用，教师的教学效能直接体现在教师的教学行为和教学表现上。如果教师能够有效地掌握影响教学的各种因素，强化有利于教学的具体行动，并同时减少不利于教学的因素，反省思考，就能优化教师的教学行动，就能使教学更有效能，学习更有成效，提高教师的教学效果，达成教学目标。

第一节 教改的筹划

课堂是教学的主阵地，因此，为全面提高课堂教学质量，教师就必须以优化课堂教学为切入点，从优化课堂教学这个角度着手，来提高教学效能。在课堂教学中，教师要充分发挥主导作用，确立学生的主体地位，培养学生分析问题和解决问题的能力，从而提高课堂教学质量。白斌老师倡导的"以学生发展为本"的新课程核心理念，指的是教学过程中教师不仅要关注学生掌握了多少知识，而且要重视培养学生的主体意识和合作意识，注重让学生自行学习获取知识的方法，学会自主学习和主动参与实践的本领，获得终身受用的基础能力和创造能力。《数学课程标准》指出，动手操作是学生学习数学的重要方式之一。[②]因此，教师可以根据学生活泼好动的特点，挖掘教材内容，引导学生动手操作，这样不仅能使学生获得丰富的感性认识，而且能引起学习兴趣，起到很好的效果。基于此，白斌老师开始了以"创设情境作为突破口"的课程改革。

---

① 俞国良.专家:新手型教师教学效能感和教学行为的研究 [J].心理学探新，1999（2）：32-39.
② 王全夫.细说数学教学情境创设 [J].教学与管理，2006（2）：55-58.

一、尝试创设情境

2001 年夏天，白斌老师所在学校举办了以新课改为主要内容的培训。在此之前，"课改"对白斌老师而言还是一个陌生词。通过几天的讲座，白斌老师对新课改有了新的理解，为了厘清课改的方向和思路，白斌老师还特地在网上查阅了相关的文案。

新课改对教育教学提出了"创新精神、实践能力、合作交往"等要求，倡导发展学生的"独立性、自主性、发展性"。教学中要改变学生单一的接受性学习方式，倡导有效地接受与体验、研究、发现相结合的学习方式。作为学校的骨干教师，白斌老师是必须要在新课改中"冲"在前面的。

以前白斌老师课堂教学的时间分配是 45 分钟分成 5-15-25，5 分钟的时间用于复习，15 分钟的时间进行新课讲授，剩下的 25 分钟为练习时间。数学教学更多的循环形式是 1+1，即一节新授课，然后是一节练习课，习题训练时间约占数学教学时间的 80%。

面对新课改的要求，白斌老师决定打破传统，尝试以学生为中心，并决定先从创设情境开始。对于尝试创设情境的教学，白斌老师也少有经验，为此，他阅读了许多有关创设情境的文章，加深了对教学中创设情境的认识，并初步形成了一套具有个性特色的教学情境创设模式。他还专门为教师们做了一个情境创设教学的讲座，作为学校新课改的第一次公开课，白斌老师认真做了准备，对以前的教案构架进行了调整，并按照新课改的要求列出了如下知识与技能、过程与方法和情感、态度、价值观的三维教学目标。

例 7-1-1　教学实录

教案设计

教学内容：

数列在私家车保有量问题中的应用。

学习目标：

1. 知识与技能：熟练掌握一类一阶递推数列 $a_n = Aa_{n-1} + B$ 的通项公式的求法，并且用于解决相应实际问题。

2. 过程与方法：（1）能把遇到的一些有关数列一阶递推的简单的实际问题转化为 $a_n = Aa_{n-1} + B$ 的求法；（2）在学习过程中培养学生的探究能力。

3. 情感、态度、价值观：（1）善于利用各种工具和手段，如资料、信息技术、校园主题资源网站、相关主题网站等发现和解决一些一阶递推数列有关的实际问题，获得成功或挫折的体验；（2）培养学生的环保意识、科学规划意识和一定的社会责任感。

教学重点：

1. 结合实际解决一阶递推数列 $a_n = Aa_{n-1} + B$ 的求法。

2. 利用 MiniQuest 模式进行探究式学习。

教学难点：

综合利用所学的递推数列知识、信息技术、主题资源网站等解决实际生活中的有关问题。

教学准备：

多媒体教室、校园主题资源网站、教学设计。

学习模式：

MiniQuest 探究学习模式。

二、一堂失败的课

教学效果未必会按照教师预想的形式呈现，有时候老师精心准备了一堂课，但是由于实际教学过程的不确定因素，导致一堂原本不错的课效果不理想，白斌老师的这堂课就表现得特别明显。

经过前期的精心准备，白斌老师对自己的公开课充满了期待。教室里除了班级原有的学生，还坐满了本校的老师以及外校来"学习"的老师。凭着对自己多年教学的自信，白斌老师迈上了讲台，开始了创设情境的教学尝试。

白斌老师对这个班级还是非常了解的，由于学生基础差，教学活动开展往往比较困难，因为这个原因，以前白斌老师上课时倾向于开门见山，直奔主题。说的较多的是"打开你的课本，翻到 ×× 页"或者"好了，现在开始上课了"，基本上没有导入语。

这次课为了体现以学生为中心的思想，他决定由原来的"一言堂"逐步向"互动式""讨论式"教学过渡，所以，白斌老师把提问作为这节课的开始环节，并力求运用鼓励性的话语以提高学生的积极性，促进他们积极讨论。于是，白斌老师以这样一个提问开始了本堂课："同学们，我们学习数学的目的是什么呀？""我们学习数学的目的是应用。"同学们纷纷抢着回答。看到学生们配合得如此好，白斌老师深感欣慰，并重复说："对，我们学习数学贵在应用。前面我们学习了有关数列的一些知识，这一课我们想以实际问题为背景，看看同学们可不可以利用我们学习过的数列知识为我们的政府出谋划策呢？"

下面是白斌老师引用的"数列在私家车保有量问题中的应用"的材料。

记者常德明重庆报道，2005 年，重庆汽车消费持续火爆，全年将有 7 万辆

129

新车驶入重庆寻常百姓的家庭。据重庆市交管局披露，截至 2005 年 11 月底，重庆私家车的保有量累计达到 26.7 万多辆。这个数据比 2004 年底重庆市个人汽车保有总量增加了 6.7 万多辆，比 2003 年重庆汽车保有量增加了 13.7 万多辆。重庆的汽车消费正以每年约 7 万辆的增速驶入快车道。根据国际银行研究，人均国民收入达到 1 000～2 000 美元时，小汽车将高速、大规模地进入家庭消费。目前我国人均 GDP 已经超过 1 000 美元，汽车保有量达到 2 421 万辆。保守估计，2005 年我国汽车保有量达到 3 356 万辆，2010 年达到 5 669 万辆，2020 年达到 13 103 万辆。按照惯例，一个地区只要每百户居民拥有汽车数量在 20 辆左右就意味着这个地区进入了汽车社会。目前，北京、深圳、东莞、广州等地已经达到或接近这个标准。但按照预计的汽车保有量计算，2010 年中国城镇百户家庭汽车拥有量将达到 7.05%，2015 年将达到 15.29%，2020 年将达到 28.45%。

据国家统计局提供的最新数据，2004 年 1—10 月，重庆市城镇人均可支配收入为 8 554.18 元，居西部第一，超过排在第二位的内蒙古 829.14 元。2005 年，重庆市城镇人均可支配收入可望首次突破 1 万元门槛，达到 10 281 元。钱包鼓起来的重庆人当然要进入汽车时代。

为了以学生为中心的思想能够落实，白斌老师设计了课堂讨论环节，并做了一定的引导——"走向汽车社会只是时间早晚的问题，是不可逆转的。然而，我们在刚刚享受汽车文明时，急剧减少的土地资源、不容忽视的人身安全问题、日渐加重的环境污染、日趋严峻的能源问题，使我们不得不直面汽车社会带来的巨大挑战。老师鼓励你们用交谈的方式讨论一下汽车社会所带来的问题以及我们所能够采取的应对办法"。

在白斌老师的鼓励下，学生也进入了空前活跃的状态。这个班有个爱出风头的男生叫张晓伟，他的父母长时间在广州打工，爷爷奶奶在家照顾他上学。同班同学有个叫常德亮的，在讨论的过程中，张晓伟就说了一句："常德亮，常德明是你哥哥吧！"常德亮回答道："还是你表叔呢！"后面其他同学也跟着起哄，之后讨论的内容已经完全脱离了白斌老师的设计。下面坐着的本校教师和其他学校的教师，还有县教研部门的人员，他们都露出惊讶的表情。为了挽回这个失控的局面，白斌老师只能强制结束了讨论环节。为了避免尴尬场面的再度出现，白斌老师安排各小组分别讨论，把讨论情况向全班汇报。

"车路矛盾，正成为影响社会发展的一个主要因素。车辆的增加加重了交通拥堵，新建或拓宽道路又减少了耕地面积。"

"老师我有补充，随着我国汽车保有量的增加，汽车污染物排放总量也日趋上升。"

"汽车保有量的增加还带来了交通拥堵、污染排放、能源短缺，安全事故等问题。"

"老师，我们组除了张晓伟外其他同学讨论得都很认真。"二组组长直接站起来打报告。

张晓伟听后生气地把书扔在了地上，场面又一度失控。

看到如此混乱的场面，白斌老师提出新的要求，他让学生把想说的事情先写在纸上，然后再上交老师。由于活跃的情绪尚未消散，学生你来我往地从座位跑到讲台，碰碰撞撞，你推我挤，教室里又产生了一阵哄堂大笑……

为了控制局面，白斌老师赶紧制止了这次无序的讨论，课堂教学进入了第二个环节。白斌老师展示了新的课题："根据有关部门统计，重庆市 2005 年末私家车保有量为 30 万辆，预计以后每年新增汽车数量为上一年末汽车保有量的 10%，并且每年末报废汽车 10 000 辆，请思考以下三个问题。"

（1）市政府需要的第一个数据是一个表格，请同学们完成表格中的数据。（表格略）

（2）市政府需要一个计算报废后汽车保有量 a_n 的公式，请你根据以上数据表，为市政府提供一个计算 a_n 的公式。

$a_n =$

（3）按照这种发展趋势，市政府估计经过 10 年的发展，汽车保有量会翻两番，请同学们为市政府计算出每年的最大报废量 x（辆）。

这时下课的铃声响了，白斌老师看了一下教案，教学内容进行了不到一半。

接下来的评课可想而知，评价与白斌老师的预想相去甚远——"这堂课造成了知识学习和知识应用的脱节，感受不到数学与生活的联系，反映了当今课堂教学存在的普遍问题。""很多孩子在合作学习中，常会在别人发言时表现得心不在焉，不善接纳他人的观点。一旦自己有所思考，就一心倾注于自己的答案，很难顾及与他人的交流。小组合作也就形同虚设。"参评教师给出了很中肯的评价。

参加听课的县教研室教研员从更专业的角度进行了点评："情境创设是为教学服务的，一旦脱离了教学目标和内容，教学效果就会适得其反。进行创设情境教学的目的是更有效地实现教学目标，培养学生以数学的视角发现生活中的数学问题。但是，有些教师为了让学生能广泛地参与，一有问题，不管合适与否，难易如何，都要学生讨论。同时一些缺乏思维容量，甚至是不具备讨论价值的问题充斥其中，导致教学时间大量浪费，教学效率事倍功半。"教研员的这些话虽然不是针对他，但白斌老师感受到了巨大的压力。而让白斌老师不

131

堪重负的还不只是这堂课，而是接踵而至的教学成绩。

三、落后的教学成绩

之后的教学活动中，白斌老师积极倡导自主、合作、探究的学习方式，他动足脑筋，费尽心思，设计学生熟悉的、感兴趣的问题、情境或事例。经过一番努力"激活"了课堂教学，学生也更加喜欢他的课，但是期末考试的成绩却令人大跌眼镜：白斌老师所任教的两个班的平均成绩比学校的平均分低了很多，而以往的教学成绩可是数一数二的。既然课堂活跃了，内容丰富了，那为何学生的考试分数却降低了？白斌老师反思了这一学期的教学过程，总结了失败的原因。

白斌老师认为，其一，学生总体基础较差，这是客观因素。其二，虽然几何课程删去了大量抽象思维水平较高的知识，并增加了现实几何的内容来充实几何课程，但白斌老师觉得这是以降低对学生思维水平的要求为代价来适应大众数学的潮流，影响了教学质量。其三，也是他反思最深刻的，就是他非常希望在自己的课堂教学中体现新的理念，但是在新的理念与课堂实施之间还存在许多不能克服的障碍，只能以"贴标签"的方式来生搬硬套，不能够真正实现教学内容与现实生活的沟通，导致教学效能低下。同时缺少对新教材的认识，对教材的处理、教学方法的选择、教学手段的运用缺乏应有的理解，造成了课堂效率不高，加重了学生的学习负担，弱化了学生能力的培养，偏离了教学目标。特别是小组讨论学习不应成为仅仅体现教学思想的标签，而应真正成为学生学习的形式和过程，不是一蹴而就的虚招，而应是一项需要用心规划、循序渐进的工程。

影响教师教学效能的因素有很多，但是教学离不开教育理念的指导，教学是科学与艺术的综合运作。教学的中心任务是对知识进行诠释，然后以能够接受的方式传递给学生。正如美国哥伦比亚大学乔伊斯和威尔在《教学模式》一书中所指出的那样："没有一种教学模式是为适合所有的学习类型或学习风格而设计的。"[1] 教学有法，但无定法，贵在得法，世界上永远不存在最好的、万能的教学方法。柯斯根（Korthagen）等人的研究认为，[2] 教师们会以自己在学科上的学习经验来建构其对教学的概念，有时会导致形成过度强调合乎自己学习风格、方法的教学方法，因而对教师的教学效能产生影响。

---

① 李红婷. 我们该从教学模式中获得什么？[N]. 中国教育报，2008-3-14.

② Gibson, S. &Dembo, M.H. Teacher efficacy: A construct validation[J].Journal of Educational Psychology，1984，76（4）：569-582.

第二节　迷茫中的回归

现代学校教学的主要形式是课堂教学，课堂教学质量决定着学校的教学质量，课堂教学效能的高低是衡量课堂教学质量的落脚点和归宿，而恰当的教学策略和方法的运用会对教师课堂教学效能的高低产生重要影响。

一、尝试不同的教学方法

教师教学效能的高低在很大程度上取决于教师选择的教学方法是否有效，教学方法是否有效取决于在特定情境下，教师基于师生思想和经验对教学方法做出的选择。教学方法的选择是教师自我认同和经验建构的过程，是教师根据所教授的内容以及学生学习的实际，做出自己的判断，并创造性地运用教学方法的过程。白斌老师在经过一段时间的沉淀之后，剖析了问题的根源，并决定尝试课改精神指导的教学新方法，探索提升教学效能、提高教学成绩的新思路。

白斌老师进一步探究数学学科的知识特征，并尝试将数学知识分为陈述性知识、程序性知识和策略性知识三种类型。数学中的陈述性知识，如概念、性质、法则、公式、公理、定理等，是关于事实本身的知识，被激活后是信息的再现，它体现的是"是什么的问题"，陈述性知识要求学生用记忆的方法来掌握。程序性知识指怎样进行认知活动的知识，被激活后是信息的转换和迁移，主要是数学方法。每一种数学方法都有确定的操作程序，如配方法、反证法、数学归纳法和换元法等，它体现的是"怎么做的问题"。程序性知识是一套如何学习、记忆、思维的规则和程序，它控制着人的学习、记忆和思维活动，需要记忆，还需要通过训练来熟练掌握。策略性知识，指如何学习、记忆或解决问题的一般方法，包括应用策略进行自我监控的方法。数学思想属于策略性知识，如函数方程思想、数形结合思想、分类讨论思想、化归思想、连续与离散思想、必然与或然思想，代数化策略、几何化策略、极端化策略、正难则反策略等，数学中的策略性知识体现"为什么这样做的问题""该怎么做的问题"，策略性知识可通过反思过程来掌握。

陈述性知识、程序性知识和策略性知识具有逐层递进的关系，在教学中采用的方法一般是先了解掌握陈述性知识，其次训练程序性知识，通过总结、反思升华为策略性知识。在数学应用中（问题解决中）往往是根据问题的特征（问题陈述的背景）确定解题的策略，然后选择适当的数学方法（程序性知识），结合相关的概念、性质、公式、法则、定理等（陈述性知识）来解决问题，这一过程与三类知识的习得过程正好相反。使用三类数学知识解决问题的过程对

教师和学生来讲，通常是一个无意识的应用过程，但当遇到困难时，有经验的教师和学生会自觉选择策略性知识来攻关。如考虑是否可以建一个函数或方程来解决（函数方程思想），是否可以画一个图形来解决（数形结合思想），是否可以举一个例子来解决（特殊化策略），是否可以分类解决（分类讨论思想），是否可以从反面来解决（补集思想）等，然后才采用具体的数学方法来解决问题。上述的每一类型的问题通常有相应的解决策略和方法，高效的课堂教学应该据此来进行。

通常说来，教学方法在理论上不外乎两大类型："接受型"的教学方法和"研究型"的教学方法。我们在实际的教学中并不能简单地全盘否定"接受型"的教学方法，而是要根据教学内容以及学生的实际情况，有针对性地选择合适的教学方法。如一些概念性的东西，如果一味地以研究的形式进行，不但意义不大，而且对于课堂教学效率的提高也是不利的。白斌老师不再一味地追求"研究型"的教学方法，而是综合运用"接受型"和"研究型"的教学方法，取长补短，互为补充。至于在课堂教学中以哪种方法为主，取决于教学内容和学生对三类知识的掌握情况。

（一）以讲授为主的直接教学

直接教学法是实施结构化的教学，是注重教学组织、层次分明的一种编序教学方式，它以工作分析为架构，用编序的方式来设计教学，并以系统化来呈现教材的一种具高度结构性的教学法，它强调合理的沟通分析。直接教学法是一种以呈现结构式的教学技巧来促进学生学习的教学方法。即教师先示范教材内容，再由教师的示范引导学生练习，最后是学生独立练习。在具体教学，尤其是概念教学中，白斌老师通常采取这样的步骤：通过实例引入概念—用文字概括概念—用符号陈述概念—复述概念—使用概念进行判断—应用概念解题—举反例深化概念。在进行概念教学设计时，白斌老师充分考虑这些步骤，并根据学生的认知规律，安排各个环节。

1. 复习所学过的内容

白斌老师非常重视原有知识的复习，他认为，新知识必须以原有知识为基础，就像学习勾股定理之前必须知道正三角形的边一样，假如学习者无法掌握以前所学的知识，他们将无法理解这些新知识。在讲授新知识之前，白斌老师习惯从回顾原有知识开始，以此判定学生掌握的程度，他认为这样可以协助教师决定教学的步调，并能够帮助教师应付不同学生的个性差异。上课伊始，白斌老师要求学生 A 回顾了平面向量及平面向量数量积的概念，并让学生 B、C

做了补充，然后进行了板书。

例 7-2-1　教学实录

板书内容

1. 平面向量的数量积

（1）定义：已知两个非零向量 a 和 b，它们的夹角为 θ，则数量 $|a||b|\cos\theta$ 叫作 a 和 b 的数量积（或内积）。（其中 $0 \leqslant \theta \leqslant \pi$）记作：$a\,b = |a||b|\cos\theta$

（2）投影：$|b|\cos\theta$ 叫作向量 b 在 a 方向上的投影

（3）坐标法运算：记 $a = (x_1, y_1)$　$b = (x_2, y_2)$

则 $a\,b = x_1 x_2 + y_1 y_2$

2. 运算律

（1）交换律：$a\,b = b\,a$

（2）结合律：$(\lambda a)\,b = a\,(\lambda b) = \lambda(a\,b)$

（3）分配律：$(a + b)\,c = a\,c + b\,c$

注意：① 结合律对数量积不成立即 $(a\,b)\,c \neq a(b\,c)$

② 消去律不成立，即 $a\,b = b\,c \nRightarrow a = c$

3. 两个向量垂直的充要条件

记 $a = (x_1, y_1)$，$b = (x_2, y_2)$

（1）向量式：$a \perp b \Leftrightarrow a\,b = 0$

（2）坐标式：$a \perp b \Leftrightarrow x_1 x_2 + y_1 y_2 = 0$

4. 向量夹角

已知两个非零向量 a 和 b，作 $OA = a, OB = b$，则 $\angle AOB = \theta$（$0 \leqslant \theta \leqslant \pi$）叫作向量 a 和 b 的夹角。

特别地：① 当 $\theta = 0$ 时，则 a 与 b 同向

② 当 $\theta = \pi$ 时，则 a 与 b 反向

③ 当 $\theta = \dfrac{\pi}{2}$ 时，则 $a \perp b$

5. 重要性质

设 a，b 都是非零向量，e 是与 b 方向相同的单位向量，θ 是 a 与 e 的夹角，

$a = (x_1, y_1)$，$b = (x_2, y_2)$，则：

（1）$e \, a = a \, e = |a| \cos \theta$

（2）$a \perp b \Leftrightarrow a \, b = 0$

（3）当 a 与 b 同向时，$a \, b = |a||b|$；

当 a 与 b 反向时，$a \, b = -|a||b|$

特别地：$a \, a = a^2 = |a|^2$ 或 $|a| = \sqrt{a \, a} = \sqrt{x_1^2 + y_1^2}$

（4）$\cos \theta = \dfrac{a \, b}{|a||b|} = \dfrac{x_1 x_2 + y_1 y_2}{\sqrt{x_1^2 + y_1^2} \, \sqrt{x_2^2 + y_2^2}}$

（5）$|a \, b| \leqslant |a||b|$

2. 说明课程目标

在知识回顾后，白斌老师展示了课时目标："掌握平面向量的数量积的有关概念、运算律及其性质，会用平面向量的数量积处理有关角度与长度的问题。具体包括：平面向量的数量积的定义、性质的简单应用；向量垂直关系的判定及应用；有关角度和长度的计算；向量与其他知识的综合运用。"

3. 呈现新知识

教学内容取决于教学目标和学生容受性，重点过多或问题太深会妨碍新知识的接纳。当白斌老师阐述一个新概念时，他会引用许多例证并及时提出问题，同时会把新知识分成好几个节段，每一个节段的展示，都会给予清晰、详细的介绍与解释，以增进学生对新知识的理解。

例 7-2-2 教学实录

基本题型精讲

一、定义、性质的简单应用

【例1】设 a, b, c 是任意的非零平面向量，且相互不共线，则下列命题：

① $(a \, b)c - (c \, a)b = 0$

② $|a| - |b| < |a - b|$

③ $(b \, c)a - (c \, a)b$ 不与 c 垂直

④ $(3a + 2b)(3a - 2b) = 9|a|^2 - 4|b|^2$

其中是真命题的有（　　）

A.①②　　　B.②③　　　C.③④　　　D.②④

思路导引：本题考查向量概念、向量运算法则

解析：（1）平面向量的数量积不满足结合律，故①不真

（2）由向量的减法运算可知$|a|$、$|b|$、$|a-b|$恰为一个三角形的三条边长，"两边之差小于第三边"，故②真

（3）因为$[(b\,c)a-(c\,a)b]\,c$

$=(b\,c)a\,c-(c\,a)b\,c=0$

所以垂直，故③不真

（4）$(3a+2b)(3a-2b)=3a\,3a-2b\,2b=9|a|^2-4|b|^2$，故④真

②、④真，故选 D

二、向量垂直关系的判定及应用

【例2】已知 $a=(\sqrt{3},-1)$，$b=(\frac{1}{2},\frac{\sqrt{3}}{2})$，且存在实数$k$和$t$，使得

$x=a+(t^2-3)b$，$y=-ka+tb$，且$x\perp y$，试求$\dfrac{k+t^2}{t}$的最小值。

思路导引：注意到题目中的隐含条件$a\perp b$和$x\perp y$得到$x\,y=0$，把x,y代入化简整理即可用t表示出k，问题便迎刃而解了

解析：由题意得$|a|=\sqrt{(\sqrt{3})^2+(-1)^2}=2$

$|b|=\sqrt{(\frac{1}{2})^2+(\frac{\sqrt{3}}{2})^2}=1$

$a\,b=\sqrt{3}\times\frac{1}{2}-1\times\frac{\sqrt{3}}{2}=0$，故有$a\perp b$

由$x\perp y$得$[a+(t^2-3)b]\,[-ka+tb]=0$

即$-ka^2+(t^3-3t)b+(t-t^2k+3k)ab=0$

$\therefore -k|a|^2+(t^3-3t)|b|^2=0$

将$|a|=2,|b|=1$代入得：$k=\dfrac{t^3-3t}{4}$

故 $\dfrac{k+t^2}{t}=\dfrac{1}{4}(t^2+4t-3)=\dfrac{1}{4}(t+2)^2-\dfrac{7}{4}$

即当 t=-2 时，$\dfrac{k+t^2}{t}$ 有最小值为 $-\dfrac{7}{4}$

三、有关角度和长度的计算

【例3】已知 **a,b** 都是非零向量，且 $a+3b$ 与 $7a-5b$ 垂直，$a-4b$ 与 $7a-2b$ 垂直，求 **a** 与 **b** 的夹角。

思路导引：根据夹角公式，由两个垂直条件求出 **a b** 及 |**a**|·|**b**| 即可

解析：由已知 $(a+3b)(7a-5b)=0$

$(a-4b)(7a-2b)=0$

即 $7a^2+16a\,b-15b^2=0$

$7a^2-30a\,b+8b^2=0$

两式相减，得 $2a\,b=b^2$

代 入 其 中 任 一 式 得：$a^2=b^2$，即 $|a|^2=|b|^2$，$\therefore$ $|a|=|b|$，

$\therefore \cos\theta=\dfrac{a\,b}{|a||b|}=\dfrac{\frac{1}{2}|b|^2}{|b|^2}=\dfrac{1}{2}$，又 $0°\leqslant\theta\leqslant180°$，故 $\theta=60°$，即 **a** 与 **b** 的夹角为 60°。

【例4】已知 $|a|=\sqrt{2}$，$|b|=3$，**a** 和 **b** 的夹角为 45°，求使向量 $a+\lambda b$ 与 $\lambda a+b$ 的夹角是锐角时 λ 的取值范围。

解析：由已知：$a\,b=|a||b|\cos45=3\sqrt{2}\cdot\dfrac{1}{\sqrt{2}}=3$

$\therefore (a+\lambda b)(\lambda a+b)$

$=a\,b\lambda^2+(a^2+b^2)\lambda+a\,b=3\lambda^2+11\lambda+3$

由 $3\lambda^2+11\lambda+3>0$，得 $\lambda>\dfrac{-11-\sqrt{85}}{6}$，或 $\lambda>\dfrac{-11+\sqrt{85}}{6}$

设 $a+\lambda b=k(\lambda a+b)(\lambda>0)$

$$\Rightarrow \begin{cases} 1 = k\lambda \\ \lambda = k \end{cases} \Rightarrow \lambda = 1$$

∴ 当 $\lambda = 1$ 时，向量 $\boldsymbol{a} + \lambda\boldsymbol{b}$ 与 $\lambda\boldsymbol{a} + \boldsymbol{b}$ 的夹角为 0。

∴ λ 的取值范围是 $\lambda > \dfrac{-11 - \sqrt{85}}{6}$ ，或 $\lambda > \dfrac{-11 + \sqrt{85}}{6}$ 且 $\lambda \neq 1$

四、向量与其他知识的综合运用

【例 5】已知函数 $f(x) = m|x-1|$（$m \in R$ 且 $m \neq 0$），设向量 $\boldsymbol{a} = (1, \cos 2\theta)$，$\boldsymbol{b} = (2,1)$，$\boldsymbol{c} = (4\sin\theta, 1)$，$\boldsymbol{d} = (\dfrac{1}{2}\sin\theta, 1)$，当 $\theta \in (0, \dfrac{\pi}{4})$ 时，比较 $f(\boldsymbol{a},\boldsymbol{b})$ 与 $f(\boldsymbol{c},\boldsymbol{d})$ 的大小。

解析：∵ $\boldsymbol{a} = (1, \cos 2\theta)$，$\boldsymbol{b} = (2,1)$，$\boldsymbol{c} = (4\sin\theta, 1)$，$\boldsymbol{d} = (\dfrac{1}{2}\sin\theta, 1)$

∴ $\boldsymbol{a}\ \boldsymbol{b} = 2 + \cos 2\theta$，$\boldsymbol{c}\ \boldsymbol{d} = 2\sin^2\theta + 1 = 2 - \cos 2\theta$

∴ $f(\boldsymbol{a}\ \boldsymbol{b}) = m\,|1 + \cos 2\theta| = 2m\cos^2\theta$

$f(\boldsymbol{c}\ \boldsymbol{d}) = m\,|1 - \cos 2\theta| = 2m\sin^2\theta$

于是有 $f(\boldsymbol{a}\ \boldsymbol{b}) - f(\boldsymbol{c}\ \boldsymbol{d}) = 2m(\cos^2\theta - \sin^2\theta)$

$= 2m\cos 2\theta$

∵ $\theta \in (0, \dfrac{\pi}{4})$，∴ $2\theta \in (0, \dfrac{\pi}{2})$，∴ $\cos 2\theta > 0$

∴ 当 $m > 0$ 时，$2m\cos 2\theta > 0$，即 $f(\boldsymbol{a}\ \boldsymbol{b}) > f(\boldsymbol{c}\ \boldsymbol{d})$

当 $m < 0$ 时，$2m\cos 2\theta < 0$，即 $f(\boldsymbol{a}\ \boldsymbol{b}) < f(\boldsymbol{c}\ \boldsymbol{d})$

4. 指导练习

练习包含指导的和独立的，是直接教学的必要部分，新教材分成小节，跟着每个步骤的过程有大量的练习机会。在指导练习时，白斌老师非常注意过程的控制，还经常问学生问题，检查学生的掌握程度。期间往往会做出一定的要求，如"一分钟后我将要求一些人在黑板上解答这个问题，请准备一下"。假如课堂上出现了学生注意力不集中的情况，白斌老师会及时解读学生的困惑，通过重点讲解来解决问题。

5. 课后复习

在学生学习新知识的过程中，复习对于新知识的学习是非常重要的，特别是当每一个新知识是下一个新知识学习的必要条件的时候，老师用课后的复习来确定新学习的知识不会被忘记尤为必要。为了复习巩固本堂课的教学内容，白斌老师安排了如下的课后复习作业。

例 7-2-3 教学实录

课后作业

1. 若 $|a|=4, |b|=6$，且 a 与 b 的夹角为 $135°$，则 $a \cdot b$ 等于（ ）

A. 12 B. $12\sqrt{2}$ C. $-12\sqrt{2}$ D. -12

2. 已知三角形 ABC 三顶点坐标分别为 $A(5,2)$，$B(3,4)$，$C(-1,-4)$，则这个三角形是（ ）

A. 锐角三角形   B. 直角三角形

C. 等腰直角三角形   D. 钝角三角形

3. 已知定点 $F(1,0)$，动点 P 在 y 轴上的运动，过点 P 做 PM 交 x 轴于点 M，并延长 MP 到点 N，且 $PM \cdot PF = 0$，$|PN| = |PM|$

（1）求动点 N 的轨迹方程。

（2）直线 l 与动点 N 的轨迹交于 A、B 两点，若 $OA \cdot OB = -4$，且 $4\sqrt{6} \leqslant |AB| \leqslant 4\sqrt{30}$，求直线 l 的斜率的取值范围。

（二）以启发为主的探究式教学

所谓探究式教学，是以培养学生具有"不断追求卓越的态度和提出问题、解决问题的能力"为基本目标，用与教学内容相关的实际问题作为载体，让学生在教师的组织和指导下有目的地、相对独立地进行探索研究的一种教学方式。[①] 探究式教学是教师和学生双方都参与的活动。它是在教师的启发诱导下，学生通过独立自主学习和合作讨论，充分自由表达、质疑、探究和讨论问题，将自己所学知识用于解决实际问题。数学方法的教学是程序性知识的教学，要特别强调程序（步骤）和使用方法的条件特征，教师在进行数学方法教学时应将每一种方法建立在有效探究的基础之上，教师要点拨，学生探究，内化为学生自己的知识，让学生掌握解决一类问题的策略性知识，从而能够举一反三、触类旁通。在白斌老师的"数列在森林增长和间伐问题中的应用"的课堂教学中，

---

① 何李来，李森. 论数学课题探究教学 [J]. 课程·教材·教法，2005（3）：55-60.

他在确定教学目标和教学重点、难点的基础上，采用了以探究为主的教学方法。

例 7-2-4　教学实录

教案设计

教学内容：数列在森林增长和间伐问题中的应用。

学习目标：

1. 知识与技能：学习掌握已知数列递推公式 $a_n = Aa_{n-1} + B$（A，B 为常数）求通项 a_n 的方法。

2. 过程与方法：（1）能将数列知识与森林增长和间伐问题相结合；（2）引导学生从生活中发现问题、提出问题、分析问题、解决问题。

3. 情感、态度与价值观：（1）通过网上查找资源，组织讨论，培养学生探究、思考的能力以及与别人合作的团队精神；（2）通过学习树立环保的意识和一定的社会责任感。

学习重点：

已知数列递推公式 $a_n = Aa_{n-1} + B$ 求通项 a_n 的方法

学习难点：

（1）将森林增长和间伐问题转化为数列问题；（2）根据数列递推公式 $a_n = Aa_{n-1} + B$ 求通项 a_n 的方法。

以启发为主的探究式教学包括以下四个具体步骤。

1. 创设情境，提出问题

在课堂上，学生的思维在很大程度上依赖于课堂的情境及教师的循循善诱和精心的点拨。课堂情境的创设所要达到的目的就是在讲授内容和学生求知心理间制造一种"不和谐"，造成心理上的悬念，将学生引入一种与问题相关的情境之中。把问题作为教学过程的出发点，以问题情境激发学生的积极性，让学生在迫切要求下学习。

例 7-2-5　教学实录

前面我们到江津三合林场进行了调研，根据调研结果，我们能够得出以下结论：江津三合林场现有木材存有量为 a 立方米，据统计，木材以每年 25% 的增长率生长，为了防止水土流失，按照国家有关规定每年只能间伐一定数量的木材，假定每年间伐的木材量为 x 立方米。为了既能按国家要求实施环境保护，又能合理利用木材资源，请你为林场场长提供一些重要数据和计算方法，以便于场长进行决策。你提供的数据对场长很有意义，同学们，我们一起来帮助场

长吧。江津三合林场调研情况，如表 7-2-1 所示。

表 7-2-1　江津三合林场调研情况表

	原有木材量 a 变为	木材增长量	砍伐量	间伐后林场木材实有存量 a_n
第一年后				
第二年后				
第三年后				
……	……	……		……
第十年后				

任务 1：场长需要的第一个数据是一个表格，请同学们分析讨论努力完成表格中的数据。

任务发布后，学生们十分感兴趣，纷纷议论，连平时数学成绩较差的学生也跃跃欲试，甚至将生活中的办法也拿来使用了，学生们学习的主体性很好地被调动了起来，在不知不觉中投入了数学课堂的思维活动之中。

2. 示范指导，引出猜想

同学们通过上主题网站查阅相关资源，通过讨论，学生小组整理后得到如下答案，如表 7-2-2 所示。

表 7-2-2　江津三合林场调研数据计算结果

	原有木材量 a 变为	木材增长量	砍伐量	间伐后林场木材实有存量 a_n
第一年后	$a_1=a(1+0.25)-x$	$0.25a$	x	$a_1=a(1+0.25)-x$
第二年后	$a_2=a_1(1+0.25)-x$	$0.25a_1$	x	$a_2=a(1+0.25)^2-x(1+0.25)-x$
第三年后	$a_3=a_2(1+0.25)-x$	$0.25a_2$	x	$a_3=a(1+0.25)^3-x(1+0.25)^2-x(1+0.25)-x$
第四年后	$a_4=a_3(1+0.25)-x$	$0.25a_3$	x	$a_4=a(1+0.25)^4-x(1+0.25)^3-x(1+0.25)^2-x(1+0.25)-x$
……	……	……	……	……
第十年后	$a_{10}=a_9(1+0.25)-x$	$0.25a_9$	x	$a_{10}=a(1+0.25)^{10}-x(1+0.25)^9-\cdots-x(1+0.25)^2-x(1+0.25)-x$

任务 2：场长需要一个计算木材存有量 a_n 的公式，请你根据以上数据表，为场长提供一个计算 a_n 的公式。

通过观察，学生比较了教科书中"数列在分期付款问题中的应用"的有关内容及应用主题网站资源，在教师的引导下学生们得出了如下答案：

$$a_n = a(1+0.25)^n - x\left[1 + (1+0.25) + (1+0.25)^2 + \quad + (1+0.25)^{n-1}\right]$$

任务3：场长设想经过20年的努力，使他经营的林场木材存有量翻两番，请同学们为场长计算出每年的最大间伐量 x，用 a 表示。

同学们分析讨论后，列出式子：

$$a_{20} \geq 4a$$

$$\therefore a\left(\frac{5}{4}\right)^{20} - x\left[1 + \frac{5}{4} + \left(\frac{5}{4}\right)^2 + \quad + \left(\frac{5}{4}\right)^{19}\right] \geq 4a$$

很容易列式，但不知如何解决。于是，教师引导学生们上网寻找解决方案。查阅了主题网站上的相关资源后，学生小组得到了如下的解答：

$$令 \left(\frac{5}{4}\right)^{20} = t \quad \therefore 20(\lg 5 - 2\lg 2) = \lg t \quad \therefore t = 100$$

$$又 \frac{1 - \left(\frac{5}{4}\right)^{20}}{1 - \frac{5}{4}} = 396 \quad \therefore 100a - 396x \geq 4a \quad \therefore x \leq \frac{8}{33}a$$

任务4：场长想知道相邻两年林场木材存有量之间的关系，请同学们为场长提供以下数据，并设法找出 a_n 与 a_n-1 的递推关系。我们设经过 n 年的木材存有量为 a_n。

第一年的木材存有量为 ＿＿＿＿＿＿＿＿＿＿＿＿＿＿＿＿＿＿；

第二年的木材存有量与第一年的木材存有量的关系为 ＿＿＿＿＿＿＿＿；

第三年的木材存有量与第二年的木材存有量的关系为 ＿＿＿＿＿＿＿＿；

第四年的木材存有量与第三年的木材存有量的关系为 ＿＿＿＿＿＿＿＿；

……

猜想出：

第 n 年的木材存有量与第 $n-1$ 年的木材存有量的关系为 ＿＿＿＿＿＿。

在教师的引导下，同学们通过主题网站上的相关资源，很快就得到了如下结果：

$$a_1 = a(1+0.25) - x \quad a_2 = a_1(1+0.25) - x$$

$$a_3 = a_2(1+0.25) - x \quad a_4 = a_3(1+0.25) - x$$

......

$$a_n = a_{n-1}(1 + 0.25) - x$$

在白斌老师的课堂教学中，经常出现这种情况：有的学生能很快地完成课堂练习，有的学生能正常地完成课堂练习，有的学生不能按时完全做完课堂练习。在该阶段，教师一方面要看到学生意见的独特性和价值，另一方面又要看到学生的知识和经验还很有限，且他们的思路和建构方法也需要发展，所以必须重视教师作用的发挥，教师要根据教学内容，做出有价值的引导，使学生深入理解一些重要的原理，掌握一些重要的数学思维方法。

3. 实验探究，验证论证

启发学生得出上面的若干猜想之后，白斌老师又进一步强调证明的重要性，以使学生形成严谨的思维习惯，达到提高学生逻辑思维能力的目的，要求学生用所学的判定方法去验证猜想结论的正确性。经过全体师生一齐分析验证，最终得出结论：猜想是正确的，猜想中的问题尚待给予证明。

任务 5：场长很想知道如何由这样的递推关系得到计算 a_n 的方法，请同学们为场长找出计算方法，就是找出数列 $\{a_n\}$ 的通项公式。

对这个问题，同学们讨论非常热烈，说法不一，只有少数同学猜测出了一个结果。于是，教师又引导同学们查阅了主题网站上的相关资源。最后，同学们通过讨论，找出了计算 a_n 的公式如下：

$$a_n = a\left(\frac{5}{4}\right)^n - 4x\left[\left(\frac{5}{4}\right)^n - 1\right]$$

任务 6：为了让场长相信同学们提供的公式是正确的，请同学们给出通项公式的证明，最好提供两种以上的方法。

通过教师提示，学生参考了主题资源网站的相关信息，并经过认真的思考和讨论，该学习小组通过整理发现主要有两种证明数列通项公式的方法，具体过程如下：

方法一：

$$a_n = \frac{5}{4}a_{n-1} - x$$

$$\therefore a_n - 4x = \frac{5}{4}(a_{n-1} - 4x), n \in N^*, n \geq 2.$$

$$\therefore \frac{a_n - 4x}{a_{n-1} - 4x} = \frac{5}{4}, n \in N^*, n \geq 2.$$

$\therefore$ 数列 $\{a_n - 4x\}$ 是公比为 $\dfrac{5}{4}$ 等比数列。

$\therefore a_n - 4x = (a_1 - 4x)(\dfrac{5}{4})^{n-1} = (a - 4x)(\dfrac{5}{4})^n.$

$\therefore a_n = (a - 4x)(\dfrac{5}{4})^n + 4x = a(\dfrac{5}{4})^n - 4x[(\dfrac{5}{4})^n - 1].$

方法二：

$a_1 = a(1 + 0.25) - x, a_2 = a_1(1 + 0.25) - x$

$\therefore a_2 = [(\dfrac{5}{4})a - x]\dfrac{5}{4} - x$

$= (\dfrac{5}{4})^2 a - x(\dfrac{5}{4} + 1)$

$= (\dfrac{5}{4})^2 a - x \cdot \dfrac{1 - (\dfrac{5}{4})^2}{1 - \dfrac{5}{4}}$

$= (\dfrac{5}{4})^2 a - 4x[(\dfrac{5}{4})^2 - 1]$

同理可得：

$a_3 = a_2(1 + 0.25) - x$

$\therefore a_3 = [a(\dfrac{5}{4})^2 - x(\dfrac{5}{4} + 1)]\dfrac{5}{4} - x$

$= (\dfrac{5}{4})^3 - x[(\dfrac{5}{4})^2 + \dfrac{5}{4} + 1]$

$= (\dfrac{5}{4})^3 a - x \cdot \dfrac{1 - (\dfrac{5}{4})^3}{1 - \dfrac{5}{4}}$

$= (\dfrac{5}{4})^3 a - 4x[(\dfrac{5}{4})^3 - 1]$

......

$a_n = (\dfrac{5}{4})^n - x[(\dfrac{5}{4})^{n-1} + (\dfrac{5}{4})^{n-2} + \cdots + 1]$

$= (\dfrac{5}{4})^n a - 4x[(\dfrac{5}{4})^n - 1].$

为了提高讨论的有效性，在组织学生讨论的过程中，白斌老师把讨论分为了5个阶段，见表7-2-3，并发给每位学生一个任务单，告诉他们可以互相帮助，但是每个学生必须完成任务单上的任务，然后共同讨论，每组的成员共同商量完成了任务单上的任务。

表7-2-3 组织学生讨论的几个阶段

阶段	教师
阶段1：使学生适应问题情境	说明讨论目标，激发学生参与到问题解决的活动中
阶段2：确定讨论重点	解说讨论规则，确定讨论焦点
阶段3：组织学生讨论	帮助学生确定相关任务，组织相关讨论
阶段4：成果展示	帮助学生准备成果，并指导学生与他人分享这些成果
阶段5：分析评价问题解决的过程	帮助学生分析反思讨论的过程和方法

学生热衷于讨论的方式，并在讨论过程中不断产生新的创意。白斌老师通过观察发现，小组活动中学生参与度差异很大，为了避免个别学生发言过多，鼓励内向的学生多发言，他让每组选出一位有执行力的学生进行监督，以确保每位同学都有发言的机会。通过这次讨论，白斌老师觉得解决问题的能力虽有强弱，但是每个学生都有潜力可挖，白斌老师提醒自己在今后的教学中应注重点面结合，激励为主，以增强学生学习数学的自信心和积极性。

4. 师生共探，反思提高

这一环节中，学生在白斌老师的引导下，参与了问题探究的全过程，虽然学生对解决问题的思路已基本明了，但他们会或多或少存在一些困惑。这时白斌老师会从讲台上走下来，参与到学生中间，了解学生目前学习的进展情况，本着和学生共同研讨的精神，适时引导他们进行反思与感悟，调动学生学习的主动性。

教学有其一般教学方法，但是教学方法并非可以照搬到课堂上直接运用。从传统的讲授式教学向探究式学习教学过渡，要经历一个相对漫长的适应过程。在这其中，既有教师的适应，也有学生的适应；既需要教师认真钻研教材，精心设计教学过程和教学方法，也需要让学生具备主动学习的必要条件。

二、开展学法指导

（一）现象引发的思考

据雷鸣老师观察，从学习态度上，学生主要分三种类型：第一种是学习目的不明确，对学习缺乏信心，学习成绩有待提高；第二种是学习很努力，但缺乏学习的积极性和主动性，学习效率低，成绩中等；第三种是有良好的学习习惯，善于总结方法，并能及时调整自己的学习策略，往往学习成绩优异。并且有许多初中阶段成绩优异的学生，升入高中后，出现学习困难的问题，遇到棘手问题时缺乏韧性和冲劲，常常感到茫然，不知从何下手。这样持续一段时间后，学习成绩出现滑坡，这种现象引发了雷鸣老师的思考。

（二）学习方法的指导

在高一的政治课上，雷鸣让学生去了解经济现象，探究各经济主体——国家、企业和个人是如何进行经济活动的。雷鸣老师认为，经济学有一个很大的特点是它的灵活性，比如开服装专卖店，可以出售高端产品，每天只卖几套，每套卖几百元，也可以卖大众化的产品，每天卖几百套，每套只赚几十元钱。既可以通过提高市场占有率，也可以通过提高产品的质量和服务质量来获得利润，探寻这种灵活营销方式的关键，是要让学生更好地了解经济学的特点。而政治学都是国家的重大政治制度和方针政策，原则性很强，教学的目的就是要让学生领悟这些政策要求，并遵循这些政策的原则去做事。在哲学课上，雷鸣老师注重培养学生的哲学思维，引导学生把哲学理论内化为思维的习惯和素质。文科班的政治课是高考科目，因此，针对文科班的政治教学，雷鸣老师不但教学生基本原理，而且还教学生如何利用这些原理来解决问题。在具体的教学中，雷鸣老师从课前预习、课中消解和课后巩固等方面给出了具体的策略。

课前预习策略。预习是为以后学习而做的知识准备，预习能够提高听课水平，避免上课时"听天书"现象的出现。雷鸣因人而异地给予了学生很多的预习策略。概言之，雷鸣老师给出的预习策略主要有以下几个方面：①边读书边思考；②找出学习中的"拦路虎"；③会利用工具书来帮助预习；④掌握知识系统，注意知识的前后联系。

课中消解策略。课堂学习是学生学习的主渠道，如果学生课堂学习处理得好，就掌握了高效学习的最佳途径，因此，要充分注意课堂学习，要向课堂四十五分钟要效率。对听课过程中重点难点的解决，雷鸣老师给出了以下建议：①专心听讲，注意力集中。②处理好听课与记笔记的关系。笔记应以简单实用不影响听课为原则。记笔记可采用简便易行的方法，进行笔记速记。③消灭学习中的"拦路虎"。④善于设疑问难。

课后巩固策略。雷鸣老师参加过多次培训，有着丰富的教育学和心理学知识，因此，他的教学策略是建立在心理学基础上的。其课后巩固策略就是以艾

147

宾浩斯的遗忘曲线为基础建立的，艾宾浩斯认为："遗忘的进程是不均衡的，有先快后慢的特点，在识记的最初时间内遗忘得比较快，而以后比较缓慢，到了相当时间，几乎不再遗忘了。"雷鸣老师引述了他查阅的相关研究结果：学习后第一小时内复习可节省时间 58.2%，第一天节省 33.7%，第二天降到 27.8%，第六天降到 25.4%。[①]雷鸣老师认为，学生根据这些遗忘规律及时地巩固所学知识显得尤为重要。雷鸣老师在实践教学中验证，50% 的过度学习（又称过度识记）最有效，若过度学习超过 100% 效果反而下降，因此，他注意引导学生进行适当的过度学习。雷鸣老师还特别注意合理安排复习时间，根据他的经验，学生一天中的学习能力有两个高峰时段，一个是 9:00—10:00，另一个是 18:00—20:00，因此，雷鸣老师将最难克服的内容安排在能力高峰时段。

雷鸣老师认为，要使政治课教学充满生机和活力，达到令人满意的教学效果，就必须对传统的教学方法进行改革，由原有的封闭模式转变为开放模式，让学生参与到教学过程中来，积极主动地学习。对于当前教学活动的开展，雷鸣老师有自己的认识，他认为当前的教育教学思想是正确的，但体现在考试成绩方面，效果却不尽如人意。目前有很多学生的学习比较被动，老师讲要领，讲方法，他不会主动去掌握。针对这个情况，雷鸣老师在教授学生学习方法的同时，还特别注重思维方式的培养，强调要掌握什么，要记住什么，强调他们怎么样用所学知识解决问题。他认为，对毕业班的同学来说，做题的重点不是让学生知道这道题目的答案是什么，而是通过考试训练，让学生能够解决这一类问题，掌握基本的方法。其重点就是分析题目，理清思路，得出正确答案，并注重总结规律，掌握这一类题目的答题要领。

例 7-2-6　政治科图表类非选择题的解题方法

一、审题

1. 审标题

明确题目考查的问题

2. 审内容

（1）从纵向来看

（2）从横向来看

（3）图表之间或图表与其他材料的联系

3. 审注解

明确问题的指向

---

① 石国兴.微笑走过花季：给中学生 [M].郑州：海燕出版社，2000：36.

4.审设问

（1）知识范围

（2）主体和指向

（3）类型是什么、为什么、怎么做

5.审分数

明确答案要达到的程度

二、组织答案

1.答案构成

是什么：材料中的有效信息＋课本知识＋时政表述

为什么、怎么做：课本知识＋材料中的有效信息＋时政表述

2.表述

简明、准确、整洁

三、例题

材料一：我国经济增长率、投资率和最终消费率情况统计情况见表7-2-4。

表 7-2-4　我国经济增长率、投资率和最终消费率情况统计表

年份	2001	2002	2003	2004	2005	2006
经济增长率（%）	7.5	8	9.1	10.1	10.2	40.5
投资率（%）	38	39.2	42.4	44.2	44	45
最终消费率（%）	59.8	58.2	55.4	53	52	51.1

注：2007年，世界平均最终消费率约为77%，投资率为29%左右。

材料二：中央经济工作会议指出：要正确处理好投资与消费、内需与外需的关系，最根本的是扩大国内需求。当前工作的着力点就是要合理控制投资增长，努力优化投资结构。坚持以增加居民消费尤其是农民消费为重点，加快调整国民收入分配格局，努力提高农民和城镇低收入水平和消费能力。

（1）图表反映了什么经济现象？（6分）

图表反映了2001年至2006年，我国经济快速增长，投资贡献增大，但是与世界平均水平相比，我国投资率过高，消费率偏低，最终将影响经济又好又快发展。

（2）结合材料二，运用经济常识分析怎样扩大国内需求、拉动经济增长？（12分）

①搞好宏观调控，抑制投资过快增长，逐步提高消费 GDP 增长的贡献；②发展城乡经济，增加居民收入，加快建设社会主义新农村，大力开拓农村消费市场；③理顺分配关系，扩大就业，完善社会保障体系；④企业生产要面向市场，树立良好的信誉与形象，提供物美价廉的商品。

（3）运用政治常识，结合实际分析政府怎样才能实现经济又好又快发展？（10分）

①政府应该积极履行政治职能，为实现经济又好又快发展创造良好的政治条件；②政府应该积极履行经济职能，加强与改善宏观调控，保持宏观经济政策的连续性与稳定性；③政府应该积极履行文化职能和社会公共服务职能，为实现经济又好又快发展创造良好的社会环境。

四、练习

阅读表 7-2-5 中的数据材料，回答下列问题。

表 7-2-5　自主创新综合指数相关情况比较表

	科技对经济增长的贡献（%）	研究开发经费占 GDP 比重（%）	对外技术依存度（%）	企业人均科研经费支出额（美元）
中国	30	1.2	54	6
美国	82	2.9	6	737
标准	70 以上	2 以上	低于 30	190 以上

注：实现我国经济的持续健康发展，必须增强我国自主创新能力。

（1）自主创新贵在自主，重在创新。请分析说明其中包含的哲学道理。（10分）

①内因是事物发展变化的根本原因。自主创新能力，自主才能自立、自强，要加快发展，关键要靠自力更生；②事物是发展的，要与时俱进，不断创新，重在创新才能不断发展；③在尊重客观规律的基础上要充分发挥人的主观能动性，自主创新正是充分发挥人的主观能动性的体现。

（2）运用经济学的有关知识，为解决上述问题提出合理化建议。（10分）

①国家应该加强财政税收金融等经济手段，为自主创新创造良好的政策环境；②运用好法律手段，为自主创新提供健全的法制环境；③企业应该增加科研经费的投入，实现核心技术的创新与跨越；④企业还应该改善管理，形成鼓励自主创新的机制；⑤劳动者应该提高自身科学文化素质，自觉树立创新意识。

（3）从政治学的角度，说明国家如何创造有利于自主创新的社会环境？（12分）

①国家应制定相关的法律法规打击各种侵权行为，保护自主创新的知识产

权，保护创新的积极性；②国家制定相关的政策和措施，加强市场的监管，为创新者提供良好的公共服务，为激励自主创新提供良好的社会环境；③认真履行文化职能，实施科教兴国战略，大力发展科学文化教育事业，增强国民的科技意识、创新意识，在社会中形成良好的创新氛围；④加强对外科技交流与合作，吸取国外先进的经验，充分利用国外资源，为自主创新创造良好的外部条件。

三、探寻作业批改方式

作业是教师更好地帮助学生掌握知识，巩固和加强学生应用知识的技能和技巧，发展思维，提高能力的一种教学手段。作业批改是继备课、上课之后的又一基础环节，是课堂教学的延续，是教学过程的重要组成部分。[①]一方面，作业反映了学生对所学的知识和技能的掌握程度，是教师教学信息的反馈；另一方面，教师的作业批改便于学生对自己的学习做出评价，使学生认识到自己的长处与不足。因此，作业以及作业批改实际上是联系"教"和"学"的一条纽带，是提升教学效能的重要策略。

（一）遭遇"全批全改"

作业是教师了解学生对知识的掌握程度，检查教学效果，发现教学中存在问题的一项经常性工作。然而，在实践过程中，教师在教学中的作业这个环节上出现了一些问题。归纳起来主要有两个方面：一方面，许多教师只重视作业的布置，而忽视作业的批改。调查发现，一部分教师在批改作业时，只是用红色墨水在作业本上写个日期，对学生的作业情况没做任何评判，大家做好做坏都一个样。有一部分教师虽然做了较详细的批改，但只是"填鸭式"的批改方法（即老师把答案填在学生的作业本里），没有做任何批改记录。即使做了，也只是简单地登记一下批改的时间、班级和学生交作业的情况，以应付上面检查。[②]另一方面，在教育现实中，作业的"全批全改"通常被作为衡量教师工作态度、业绩以及督促学生学习的管理手段，包含着对教师工作懈怠的担心以及学生互批或自批作业会使教育质量滑坡的疑虑，教师把作业批改看作自己的本分工作，不但全面检查学生作业的完成情况，而且教师的作业批改严谨细致、认认真真。调查发现，教师普遍使用"全批全改、精批细改"的作业批改方式，对学生的作业几乎"包批"。[③]教师对学生作业中的错误基本上都给以改正，写上批改日期，写在作业等第的右下方。甚至一些"负责任"的教师在批改作

① 吕星宇. 为教师减轻作业批改负担的新举措：零作业批改 [J]. 教育理论与实践，2008（8）：53-54.
② 金绍荣，肖前玲. 作业批改记录与教师专业化成长 [J]. 上海教育科研，2006（9）：60-61.
③ 尹瑶芳. 小学数学作业批改现状的调查分析 [J]. 上海教育科研，2006（8）：68-69.

业时，采取盯人"战术"，不但指出错误之处，给学生讲解，并盯紧学生纠正错误的过程。

如同其他老师的经历一样，白斌老师也遭遇过作业的"全批全改"。白斌老师认为，这一方面是学校的要求，另一方面是数学这门课所决定的，采用这种方式便于全面了解学生的学习情况，老师把"全批全改"学生作业看作自己负责任的表现。

实际存在的困难是，白斌老师教两个班的数学课，每天一百五十多本学生作业的批改，要花掉他三个小时左右的时间。有时安排两套作业，这将耗去大半的工作时间。数学课几乎每天都有，而这门课程要求课后必须有作业，这样白斌老师每天要抽出三个小时以上的时间来批改作业。除了课堂作业要批，还有家庭作业、综合作业、检测试卷……过长的作业批改时间不但耗费白斌老师太多精力，而且难以保证他备课、授课的质量，何况还有管理班级、学校临时安排的工作等。为此白斌老师每天要工作到很晚，有时不得不把在学校里无法做完的事情带回家中。

令白斌老师头疼的事情远不止这些，他通过调查发现，在他"全批全改"的"呵护"下，学生的惰性日渐加重，他费尽心血批改的作业，有的学生要么根本不看，要么看了一眼就"束之高阁"了，并不关心对与错，更不去认真思考。很多同学对做过的题目印象不深，掩卷即忘，个别同学甚至经常犯相同的错误。繁重的作业批改消耗了白斌老师大量的时间和精力，但效果却远不及预期。

现在一提起以前数学作业批改，白斌老师就唏嘘不已。他感叹这样批改作业，不仅不利于学生的学习，也不利于教师教学水平的提高。天天一摞摞的数学作业，曾经给他带来了巨大的压力，并经常为此烦恼。

课堂教学得到较大幅度改革的今天，作业教学的改革却相对滞后，作业的"全批全改"实际上是教师越俎代庖，给学生提供了无须思考的现成解题过程和答案，减少了学生通过自己纠正错误而得以发展的机会，它使部分学生养成死记硬背的习惯，影响了学生学习能力、实践能力和创新能力的发展，使教师的教学陷入恶性循环之中，影响了教学质量的提高。

（二）把作业批改权还给学生

随着教育改革的深入进行，"学生做，教师改"的做法已经远远地落后于教学的需要。"全批全改"作业批改模式因耗时多、教学效果不明显，其合理性正在逐步丧失，白斌老师尝试着把作业批改权还给学生。

1. 尝试作业批改方式的转变

为了从高耗低效的作业批改中解放出来，提高教学的效能，白斌老师对作业批改模式进行了认真的思考，并悟出一些道理：只有把作业批改权还给学生，教师才会有更多的时间和精力去思考教育，研究教材，研究教法和学法，才会有更多的时间辅导学生。而且把作业批改权还给学生，他们才会有更大的积极性去理解所学的知识。为此，白斌老师开始探索作业批改方式的转变。

白斌老师秉承的作业批改模式里，习惯于简单地画"√""×"来判定答案的对错，通过观察发现，这一作业批改方式针对性不强，导致学生在订正时不能迅速地发现自己的错误原因，而必须一步一步地检查，增加了学生的负担，降低了改错时的精准度。为此，白斌老师开始探寻作业批改的优化措施，对学生的作业批改做了一系列的改革。

白斌老师开始尝试让学生互改和自改。他采取同桌或前后桌互相交换的方式，让同学们互改作业，同学们根据老师公布的答案记上相应的符号，互改出"对"与"误"。在互改的基础上，学生换回自己的作业本，仔细查看题中的错误，分析和思考出现错误的原因，强化对知识点的理解，并及时总结经验教训，改变自己的学法和态度。对自改中存在的问题，学生可请教老师、同学为自己排忧解难，以减轻学习上的压力。通过一段时间的尝试，白斌老师觉得学生互改和学生自改有利于改变学生的不良习惯，充分发挥学生的主动性和积极性，提高了学生学习数学课的兴趣。

每一位教师都有批改作业的经历，但对批改作业的认识却不尽相同，投入的时间和精力也有很大的差别，由此产生的效果也大不一样。作业批改方式改革，不仅为教师腾出了一定的时间和精力去钻研教材、研究教法，而且为学生提供了一个自我发现错误、纠正错误的机会，便于提高学生的理解能力。同时，由于批改方式的不断变化，学生容易产生新鲜感和好奇心，提高了他们学习的积极性，从根本上改变了教师精心批改、学生不予理睬的现象。

2. 试行小组评改作业

新课程强调学生的主体参与，强调评价主体的多元，加之转变作业批改方式所带来的"甜头"，白斌老师开始试行小组评改作业，让学生发挥群体优势，共商互改、自改中存在的问题。同时学生共享互改、自改中的乐趣，它能使同学们共同分享别人在回答问题时的不同诀窍、思路、方法和独特见解。

（1）学生互批。白斌老师的小组评改作业是在学生互改、自改的基础上进行的，是作业批改方式转变的深化。每次作业互改、自改后，白斌老师就要

求学生按座位顺序，把前后桌四人编为一组，选学习认真的同学为组长并把作业的参考答案提供给学生，组长引导本组成员根据教师提供的参考答案互批作业。为了激发和调动大家的学习积极性，提高学习效率，白斌老师还要求小组评出"优""良""中""差"四个等级。

（2）总结讲评。学生互批后，组长把批改的情况特别是大家共同的和典型的问题向老师汇报，教师及时地进行总结和讲评。总结讲评是白斌老师教学中师生之间的交流的过程，通过总结讲评中师生间的讨论议论，甚至是争辩，常常能达到发现问题、解决问题、互相启发、互相促进、共同提高的目的。有一次，白斌老师看到一位学生解题时出现的错误很有代表性，就让他把作业内容写在黑板上，其内容如下：

$$x, y \in R^+, 2x + y = 1, \frac{2x + y}{2} \geqslant \sqrt{2xy}$$

$$\therefore \sqrt{2xy} \leqslant \frac{1}{2} \Rightarrow \frac{1}{\sqrt{xy}} \geqslant 2\sqrt{2} \text{ ①}$$

$$\therefore \frac{1}{x} + \frac{1}{y} \geqslant \frac{2}{\sqrt{xy}} \geqslant 4\sqrt{2} \text{ ②}$$

当白斌老师提出解题方法错误时，很多同学还带着狐疑的眼光看着他，感到很惊讶。后经白斌老师提示①②两式的等号不可能同时成立时，学生们才恍然大悟。

（3）错题卡片。为了避免因为时间的长久而遗忘的现象，白斌老师让学生每次上课时随身携带空白的错题卡片，让学生把平时作业中较为典型、综合性和技巧性都很强的题目或学生容易出错的题目加以整理，并记录在错题卡片上，等到复习巩固时再用，并一直保留到该阶段学业结束之时。

（4）作业分析。为了了解学生的作业情况，并在今后的工作中进一步指导好学生的学法和改进自己的教法，白斌老师在课堂教学之外，还利用课余时间对学生作业进行质和量的分析。分析的内容包括：学生完成作业的数量与质量；学生互改与自改情况；学生作业出现错误的原因；学生回答问题的技巧、思维方法以及对知识的理解和掌握程度；学生的学习方法和学习态度；自己的教学方法、教学能力和教学水平存在的问题，并填好下列作业批改记录单，见表 7-2-6。

表 7-2-6　白斌老师作业批改记录单

	作业内容批改日期：		填写日期：	
	作业中出现的典型问题			
	问题一	问题二	问题三	备注
主要表现				
内在原因				
采取措施				
实施效果				

白斌老师还在"把作业批改权还给学生"的路上继续探索着……

作业评改方式改革的旨趣在于用更人文、更科学的思想和方法实现中学教育的"低耗高效"。减轻师生负担，增加师生交往频率，提高教学质量，解放教师，造福学生，增强师生的幸福感。

作业评改方式的改革能够充分发挥小组评改作业的积极作用，成绩较差的学生能够受益匪浅，成绩较好的学生发挥"小先生"的作用，因而能够更透彻地理解所学的内容，发展得更加优秀；作业评改方式的改革有利于增强学生的群体意识观念，更好地发挥群体的智慧和力量，使学生在互相帮助中得到矫正，取长补短，共同提高；作业评改方式的改革也给学生提供了更为广阔的合作空间，使学生在互批作业中增进友谊和凝聚力。

当教师的作业批改的负担重到他们没有或很少有时间来研究学生的学习问题时，教师就不能准确地把握自己的教学效果，工作的焦虑度就会相应上升，于是通过让学生做大量练习来保证起码的教学水准便成了他们聊以自慰的选择。[1] 作业评改方式改革使教师的工作轻松了许多，这在客观上减轻了师生的负担，拥有了"闲暇"，教师也就拥有了选择。教师拥有了选择就意味着拥有效率，把自己从繁重的作业批改中解放出来，把大量的时间用于跟踪学生的作业问题，加强个别指导。当教师把较多的时间用于辅导学生时，师生的交往频率就大大提高，师生的交往频率增加使得学生学习的积极性提高，教学质量也会随之得到提高。此外作业评改方式的改革还有利于教师调整自己的生存状态，感受教育生活的美好馈赠，在闲暇中，获得理性的顿悟、灵性的生发与心灵的舒展！

---

[1]　熊川武. 论中学教师"零作业批改"[J]. 中国教育学刊，2007（5）：52-54.

第八章 结束语

第一节 教师教学效能的形成机制

教师的教学效能的形成有无规律可循？这不应该是一个问题。任何事物都有其产生、发展和结束的过程，教学作为一种社会实践活动，[①] 也有其产生、发展和结束的过程，教师的教学效能的形成应该具有其一般的机制。但是，在试图回答教师教学效能的形成机制这个问题的时候，笔者发现非常困难。因为教师的教学是个体的活动，教师的教学效能有着深深的教师个人烙印，而教师教学效能的形成机制却是超越教师个体的、普遍的、形式化的特征。不研究教师教学效能中的这些普遍的特征就不能对教师教学效能有较全面的认识，就不能描述不同的时代背景、不同的场域、不同的教师个体形成教学效能所共有的、普遍的特征。行文至此，教师教学效能的形成机制已经是一个本书不得不回答的问题，本书尝试着从以下三个方面回答教师教学效能的形成机制问题。

一、教师教学效能的复杂性质

随着信息技术的突飞猛进，社会生产力的快速增长，加上全球化推波助澜，个人求发展和社会求进步的潮流浩浩荡荡，世界处于不断的发展变化中，教育的发展变化也在所难免。教师每天都要面对无数的、由内外环境的变化而出现的新问题和挑战，教师的角色更加复杂，教师要应对教育本身的要求，教师还要满足教育利益相关者的日益高涨的要求，教师的教学效能从来没有像今天这样复杂。

郑燕祥教授的研究结果表明，教师的教学效能的结构包含 12 种因素，并且每种因素里面又含有若干变量。[②] 如表 8-1-1 所示。

① 郭华．教学社会性之研究 [M]．北京：教育科学出版社，2002：55.

② 郑燕祥．教育范式转变：效能保证 [M]．上海：上海教育出版社，2006：216.

表 8-1-1　教师教学效能的结构

因素	变量举例
教师素养	专业取向、语言技巧、教学知识、信息科技、学科知识、教育理论及法律知识等
教师表现	教学方式、教学态度、教学策略、教学行为、设施使用、教学资料运用、课堂管理模式、领导学生等
学生学习经验	学习活动、学习策略、经验、反应及感受、与同伴互助、技巧实践、情意表达、体能表现、智力刺激及锻炼等
学生学习结果	教育宗旨及目标、阅读能力、写作能力、已发展的学习自我成效、计算机读写能力、德育发展、公民意识、持续自我学习技巧及动机等
课程特征	教育宗旨及目标、教学及学习任务、教科书、科目范围、课程设计、教学媒介、教学资料等
教学评估	视学、课堂观察、学生成绩评核、教师自我评估、学生评估
教与学的课堂环境	群体气氛、班级人数、班上学生学术水平及差距、教与学的设施、器材、物理条件等
教与学的组织环境	教学领导、方案计划、团队支持、教学范围内的教职员发展、课程管理、学校使命及目标、方案设计与实施、人际关系、学校文化、学校物理环境等
先存教师特征	学术资历、工作经验、个性、自我形象与自觉效能、对教育及社会的信念价值、个人愿景与使命、认知方式、年龄等
先存学生特征	以往学习经验、学术能力、个性、学习效能、认知方式、学习方式等
校本教师教育/教职员发展	工作方式、经验分享、协作教学、同伴训练、教学反思、教育探访考察、工作经验增长等
校外教师教育	教师教育的目标、目的、方法、内容、课程设计、组织、相关教学素质等

教学效能研究的历史表明，教学效能是个动态发展的概念，其内涵一直随着教学价值观、教学的理论基础以及教学研究范式的变化而不断扩展、变化，教师的教学效能涉及多元元素，具有复杂的性质。影响教师教学效能的因素有很多，就教师的内部因素来说，包括教师性别、年龄、教学年限、学历、婚姻状况等；就教师的外部因素来说，包括学校规模、教室情境、家长支持、环境支持等。

二、教师教学效能的基点

虽然影响教师教学效能的因素有很多，这些因素又多向度地相互作用使得教学效能非常复杂。但是，教师教学效能的研究历史和实践证明，教师提升教学效能的过程就是教师基于一定的哲学观综合运用科学和艺术手段的过程。换句话说，哲学观、科学和艺术是教师教学效能的三个基点。

（一）基于艺术

教学即艺术是 20 世纪以前在西方教育理论中占主导地位的教学观。它倡导教学是一种教师个性化的、没有"公共的方法"的行为，是一种"凭良心行事"的行为，认为影响教学过程的因素是复杂的，教学结果是丰富的，难以用科学的方法进行研究。

教学涉及人的感情以及人的价值观念，[①] 教学这个"诗人化的隐喻"大多是在无法精确预测与控制的情境中进行的。哈里·道认为，教学行为类似于戏剧表演行为，教师在被训练成一个表演艺术家之前，要在教学工作室试演，好的教学可以比拟为戏剧表演，好教师可以比拟为好演员。教学有效性与艺术性是孪生姊妹，师生的相互作用十分关键且不能由事先仔细设计的策略决定，教师必须依靠直觉和"通过长期经验而获得的顿悟"。

事实上也是如此。教师甜美的嗓音、观察力、兴趣、求知欲、思维、情绪、情感、性格、意志等都是影响教师教学效能的因素，甚至教师对教学内容表现出的兴趣，教学时流利、兴高采烈的言语表达，炯炯有神的眼神，惊讶、兴奋的面部表情，丰富、饱满、爆发性的激情和充沛的精力等教师教学热情都深深地影响着教师的教学。教师的教学包含教师生活经验中的大量的教师没有明确意识到，也很难用言语表达的缄默知识，其诸要素之间的关系也错综复杂，教师的教学活动要针对学生的能力、性别、经验、人格特质、年龄、兴趣等，因人、因时、因地、因事、因物而灵活变通。面对不同的地域环境、不同的文化、不同的师资和生源状况，教师只有因地制宜地采取策略，并符合教学实践的需求，并且做出相当主观的决定，才能在"适当的时间，适当的地点，以适当的方式，对适当的人，做适当的事"。

（二）基于科学

随着 20 世纪以来科学思潮以及行为科学的发展，人们逐渐认识到，教学也是科学，教学不仅有科学的基础，而且还可以用科学的方法来研究。"处在这样一个时代的教育领域，自然需要热心地探求合乎规律的、合理的、有效的提高人们的知识、能力的手段与方法，这就促进了理论的、系统的教学论的形成与发展"。[②] 在此影响下，人们开始关注教学的哲学、心理学、社会学的理

① Dunkin, M.J. 教学：是艺术还是科学 [M]. 中央教育科学研究所比较教育研究室，编译. 北京：教育科学出版社，1990：231–233.

② 佐藤正夫，教学论原理 [M]. 钟启泉，译. 北京：人民教育出版社，1996：2.

论基础以及如何用观察、实验等科学的方法来研究教学问题，如程序教学、课堂观察系统、教师与学生的行为分析、教学效能核定的指标体系和教学行为、结果变量等。[①] 于是，科学有效地传授知识成了教师的追求，教学走向了科学。

教师教学也需要科学，需要为实现教学目标或教学意图而采用的准备、实施与评价等阶段的具体的问题解决行为方式。虽然教师的教不能完全决定学生的学，但在教学过程中，教师可以有目的地、主动地优化教学要素，运用正确的教学策略，引起、维持并促进学生成功学习，从而达到当时条件下相对良好的教学结果。研究表明，教师授课前精心备课，事先计划和组织好教学，可以减少教师授课后用在课堂组织和管理上的时间，使教师有更多的时间用于教学，学生有更多的时间和机会进行学习，从而提高教学的有效性。相反，教师事先没有计划，在开始授课后花在教学组织上的时间越多，学生就越可能不注意课堂教学内容，就越可能丧失学习机会和表现出破坏性行为。加拉格尔（Gallagher）曾把教学与外科手术相比，并指出，过去许多人之所以死去，其原因是太把外科手术看成一门艺术，而忽略了它也是一门科学。这个观点虽然有点极端，但是我们教学实践中一个活生生的现实是教学需要科学，需要教师选择与分析所教主题，需要教师选择与优化恰当的教学策略，需要教师合理地组织教学材料等。

（三）基于哲学观

科学和艺术手段只是教师教学假想的两极，在教学实践中不存在纯粹科学手段的教学，也不存在纯粹艺术手段的教学，只不过是不同的教师在不同的教学实践中对不同的科学和艺术手段的综合运用，从而产生了教师不同的行为方式。而支撑教师教学行为方式的"意义"的是教师所持有的哲学观。教师的思考、情感、决定会影响教师的行为与特质，并经由教室历程，进而影响学生的行为与特质。德国理论家齐美尔（Simmel）和马克斯·韦伯（Max Weber）都认为，人的行为和自然客体的行为有着根本的不同，人是积极主动地建构社会现实的行动者，其行动方式则要看他们是以怎样的方式理解其行为、以怎样的方式赋予其行为以意义的。[②] 教师的哲学观决定教师对自己教学角色的认知与执行，影响教师在教学历程中教材选择、教学方法的安排。哲学观最大的功能就是决定教师教学的行为表现。持以知识为本哲学观的教师把教学视为传递知识、信息，于是就会向学生传递知识，就会把学生带到大量的知识信息和材料环境中

① 崔允漷. 有效教学：理念与策略（上）[J]. 人民教育，2001（6）：46-47.
② 马尔科姆·沃特斯. 现代社会学理论 [M]. 杨善华，译. 北京：华夏出版社，2000：8.

去，提供和灌输知识。教师是课堂的中心、知识的权威，学生被看作信息、知识的被动接受者，教学过程是将信息、知识从一个容器倒入另一个容器的过程，也是学生被动接受教师知识库中倾泻而来的智慧的过程；持以人为本哲学观的教师就会在知识的背景中教给学生知识，通过知识的联系来讲授教学内容，注重发展学生在知识学习过程中的思维逻辑性和策略，引导学生更准确地理解和掌握教学内容，使学生通过建构知识的意义和在知识的背景下掌握知识。

三、教师教学效能形成机制的逻辑

本书对教师教学效能形成机制的探讨是从教师知识的生成历程、为主动学习而教的教育理念、课堂学习共同体的构建和教学策略的生成等几个方面的内容来展开的，每个方面的内容叙述相应的教学效能故事，在叙述故事的过程中展示研究者的评论。行文至此，有几个问题是必须做出回答的：本书通过对白斌老师和雷鸣老师在教师知识的生成、教育理念的形成、课堂学习共同体的构建和教学策略的运用等几个方面的叙事，能否涵盖教师教学效能所有方面？能否描述出教师教学效能形成机制的全貌？对于这几个问题笔者做如下回答。

首先，任何一个研究都不可能不着边际，不可能同时解决很多问题，"世界上没有两片完全相同的叶子"。就研究样本来看，除非是等额抽样，否则每个样本都有自己的独特之处，所以把对样本的研究结论推广到总体的可靠性程度值得怀疑。

其次，任何样本的出现都有一个前提，即总体的范围和边界是清楚的。但是，正如布迪厄曾揭示过的"学者的谬误"那样，教育经验的复杂性、丰富性与多样性决定了任何一种预先设定的理论框架都会陷入叙述紧张。[①] 莫兰（Morin）的复杂范式也告诉我们，[②] 人类对物质世界的探究已经不得不面对复杂，对教育的探究所关注的是具有情境性、时间性、偶然性的变动不居的生活世界中的具体的、生活着的教育实践者。教师教学效能的影响因素很多，各种因素又相互交织在一起，形成了错综复杂的关系，可谓斩不断，理还乱，从任何一个方面或者几个方面去研究教师教学效能，都会有失偏颇。所以，本书不去梳理这些说不清、道不明的因素和关系，而是在研究另一种模式的基础上，通过对另一种模式中教师课堂教学效能提升的叙事研究，对教师教学的效能故事进行描述，就其中包含的价值观、情感和心境等进行分析和判断，所以本书不是统计样本，不一定需要具有代表性。

---

① 丁钢. 教育经验的理论方式 [J]. 教育研究，2003（2）：22-27.

② 埃德加·莫兰. 复杂思想：自觉的科学 [M]. 陈一壮，译. 北京：北京大学出版社，2001：267-270.

再次，人类学者提出了"小地方大社会"的逻辑，可以为本书提供一种解释的方式。在一个微小社区中都可以看到大社会的投影和权力的运作过程，费孝通先生在回答有关"在中国这样广大的国家，个别社区的微型研究能否概括中国国情"时说："以江村来说，它是一个具有一定条件的中国农村。中国各地的农村在地理和人文各方面的条件是不同的，所以江村不能作为中国农村的典型。也就是说，不能把在江村看到的社会体系等情况硬搬到中国其他的农村去。但同时应当承认，它是个农村而不是一个牧业社区，它是中国农村而不是别国的农村。""如果我们用比较方法将中国农村的各种类型一个一个地描述出来，那么不需要将千千万万个农村一一地加以观察而接近于了解中国所有的农村了"。[①]

最后，本书寻求对教师教学行为和经验的更加深刻的理解，掌握教学效能建构意义的历程，从教师教学的具体事件产生对教师教学效能更清楚的、更深层的思考，让人们体悟教育理论根植于教育者实践，并通过与教育者实践共生共长的关系，在教育者实践中找到理论生命力和生长点。虽然这些故事不会在教师的现实生活中完全出现，但每个人又都觉得它就在身边，并且是经常发生的。让读者体会到这些事情是经常有的，使人们产生经验的共鸣，从而有所体悟，有所启发，从而影响他们的课堂教学行为，促进教师教学效能的提升。

本书描述了教师教学效能中关键的几个方面，但是尚不能说所描述的几个方面就是完美和成熟的教师教学效能形成机制。完美和成熟的教师教学效能的形成机制需要读者来"接力"，依靠读者的无数体验去完成。

第二节　教学实践中的问题解析

一、从"局内人"到"局外人"

笔者之所以选择 A 中学和 B 中学两个学校作为田野考察的地点，除了这两所学校的典型性之外，还因为这两所学校有"熟人"联系，便于进入学校"内部"，能够取得翔实的资料，事实证明也确实如此。在去 A 中学考察前，笔者就通过师兄师姐的关系，联系上了江津区教委的王科长。王科长为人爽直，待人热情，在我们到达江津时，他和同事叶老师开车到车站迎接。他们和 A 中学不但有隶属关系，而且和学校领导都是"熟人"。笔者和王科长、叶老师到达

---

① 费孝通.人的研究在中国：个人的经历 [C]// 东亚社会研究.北京：北京大学出版社，1993：15-16.

重庆市 A 中学后，他们学校领导集体陪同，并共进午餐，这在重庆市 A 中学是不常见的。后来笔者和 A 中学的领导、老师也成了朋友，我们相互称呼为"老表"。在西南地区浓郁的民族文化中，"朋友"帮忙被视为天经地义的事情，不能推脱。在调研的过程中，正是这些"熟人"关系使得学校领导和教师往往基于情面而难却笔者的请求。通过这些"熟人"之间的友谊，笔者能够更加容易获知当地人的思维习惯和情感表达方式，对他们的行为和情绪有更透彻的体会和理解，在 A 中学的领导和老师们的支持和配合下，笔者顺利地完成了一期田野考察。

在笔者到华东师范大学教科院做访学博士生的时候，丁钢教授讲课期间就提到过广西壮族自治区的 B 中学，当时除了在选题方面得到丁老师的肯定之外，丁老师还向笔者介绍了广西壮族自治区 B 中学的一些情况，并且提供了当时 B 中学周校长的电话，还提前向周校长推荐我们去学校专题考察的事宜。丁老师的推荐效果明显，周校长爽快答应了我们的考察请求。在考察的过程中，因为周校长事务繁多，因此，接待笔者考察的主要是林副校长、科研室雷主任、办公室周主任和教务处张主任。在这期间，我们与学校的相关领导和老师也自然成了朋友，工作联系非常密切。他们为我们的调研考察工作提供了极大方便，不但给我们提供了很多资料，而且全力配合组织各种形式的座谈交流会。我们也深刻地感受到了这种"熟人"关系给调研带来的便利。2008 年 10 月份，在他们的支持和配合下，我们顺利地完成了二期田野考察。

在考察期间，这种"局内人"的便利和轻松感，对我们研究的实施和结果产生了正面和负面两方面的影响。"局内人"角色使得我们有比较类似的生活经历和生活体验，对事物往往有比较一致的视角和看法，容易与被研究者产生情感上的共鸣，能够用自己的文化观念和生活经历解读和建构他们教学效能的意义。但是，同时也正是这种"局内人"的眼光使得我们对被研究者的某些语言和行为所隐含的意义失去敏感度，给我们造成了一些理解上的障碍。我们经常自以为是地认为自己对这些意义已经十分了解了，没有必要再进行追问和探究。可是事实上并非如此，那些已经司空见惯、视而不见的教师故事中处处彰显着其"独特"之处。正如林肯（Lincoln）和古巴（Guba）所描述的"物质痕迹"那样：[①] 穿过草地的脚印，显示了一种被研究者喜爱的交通途径；外语标志，显示了与邻邦的关系；书的新旧条件，显示了它的使用程度；被丢弃的酒瓶的数量，显示了一个住户的酗酒程度；烟灰缸中的雪茄烟头，显示了主人的

---

① 尤瓦娜·林肯，伊冈·古巴.自然主义研究 [M].杨晓波，林捷，译.北京：科学技术文献出版社，2004：202.

紧张程度；堆砌在垃圾桶里的文件数量，显示了工作量；个人藏书的数量，显示了文化涵养；教室黑板报的出现，显示了教师对学生创造力的关心等。

如果"局外人"变成了"局内人"，这对研究者来说是一个危险的信号。[①] 在研究的过程中，我们经常警惕自己的"局内人"角色，力图使自己从一个熟悉教学的"局内人"剥离成为冷静观察的"局外人"，把"熟悉"的东西视为"陌生"，认真严肃地审视我们的个人动机，避免先入为主的判断。我们力求在"局内人"与"局外人"的角色之间"适时"地转换，既"入乎其内"，挖掘教师教学效能的"内在真实"，展示教师教学效能故事的本来面貌；也"出乎其外"，对教师教学效能故事进行不断的审视，拷问其中的真实意图，梳理自己对于教学效能的理解和认识，建构出教学效能故事的意义，挖掘出教师教学效能形成机制。

二、白斌和雷鸣老师的高效能

研究教师的教学效能的形成机制问题，选取高效能教师的个案是不得不考虑的因素，本书也的确把高效能教师的教学故事作为教学效能形成机制的支持性材料。在研究的过程中，我们曾经反复地追问白斌和雷鸣老师是高效能教师吗。有学者对教师的教学行为进行了研究，认为教师的有效教学行为与无效教学行为在沟通单元目标、对学生学习成就的期望、对学生学习的责任、系统地呈现信息、检查学生了解的情形和对学生学习的责任有明显的不同特征。在白斌老师和雷鸣老师的教学中也不是只存在有效教学行为，其中也存在着明显的低效甚至无效行为。他们也有"好好的一堂课上得很不理想"的时候，甚至是有的课"造成了知识学习和知识应用的脱节，感受不到数学与生活的联系"。并也由此直接导致了落后的教学成绩。面对这些低效甚至是无效的教学，他们也曾经迷茫过。

正如上面所述，教师的教学是一个复杂的系统，正因如此，高效能教师和低效能教师是一个相对的概念，在每一个教师身上或多或少地都有有效的教学行为和无效的教学行为，或者更确切地说，绝对的高效能和绝对的低效能只是假想的两极，实际上不存在绝对高效能的教师，也不存在绝对低效能的教师。但是，教师的高效能和低效能有其明显的特征，如表 8-2-1 所示。

---

① Hammersley, M. & Atkinson, P. Ethnography: principles in practice[M].London：Routledge，1983：10.

表 8-2-1　高、低效能教师的特征

项目	高效能教师的特征	低效能教师的特征
个人成就感	认为和学生在一起活动是重要的、有意义的 认为自己对学生的学习有正向的影响	对于自己的教学感到挫折和沮丧
对学生学习成就的期望	期望学生进步，而且认为学生能达成其期望	预期学生会失败，学生的表现无法与教学努力相符合
对学生学习的责任	认为教师应负起学生的学习责任 了解学生是教师的责任 学生学习失败时，会检讨自己的教学，使学生得到更多帮助	认为学生应负起自己的学习的责任 学生学习失败时，归因于学生的能力、动机、态度、家庭背景等因素
达成教学目标的策略	为学生学习设定师生努力的目标 确立达成目标的教学策略	缺乏明确目标，充满不确定感，没有计划 没有教学策略
正向的情绪	对自己的教学与学生表现感到满意	教学受到挫折而感到沮丧 对工作和学生表现持负面情绪
控制感	有信心能够影响学生的学习	对教学和学生表现感到无奈 认为学生的学习是无法掌控的
师生对预期目标的看法	由师生共同参与而达成目标	认为师生追求的目标不同
民主式的参与	同意学生参与有关学习策略与达成目标的决定	认为学生无法参与有关学习策略与达成目标的决定，仅由教师自行决定达成的目标和学习策略

资料来源："Teacher efficacy：motivational paradigm for effective teacher education（P29）"，by P.T.Ashton，1984，Journal of Teacher Education，19（5）

从调研的情况和观察的实际情况来看，白斌老师和雷鸣老师不仅具有明显的高效能的特征，问卷调查的结果也表明他们有较高的得分，而且事实也证明了白斌老师和雷鸣老师较高的教学质量。[①] 重庆市 A 中学的科研室主任白斌老师是重庆市 A 中学数学高级教师，他历年的教学成绩都位于江津区前列。广西壮族自治区 B 中学的科研室主任雷鸣老师是广西壮族自治区 B 中学政治高

---

① 有关白斌老师和雷鸣老师所取得教学成绩在本书的第三章已经有详细叙述。

级教师、广西壮族自治区政治特级教师，他历年的教学成绩都位于南宁市的前两位。白斌老师和雷鸣老师在他们各自的学校都有较高的声望，是他们学校的科研室主任、学术带头人和专家型教师，他们在教学效能实践中取得了较高的成就。

参考文献

［1］单中惠. 西方教育思想史［M］. 太原：山西人民出版社，1996.

［2］陆扬，王毅. 大众文化研究［M］. 上海：上海三联书店，2001.

［3］郑燕祥. 教育范式转变：效能保证［M］. 上海：上海教育出版社，2006.

［4］郭华. 教学社会性之研究［M］. 北京：教育科学出版社，2002.

［5］周正华. 影响教师的 101 个经典教育案例［M］. 长春：北方妇女儿童出版社，2007.

［6］蒯超英. 学习策略［M］. 石家庄：河北教育出版社，1999.

［7］李昌烟. 青少年误区 100 例［M］. 济南：山东大学出版社，2001.

［8］李恩江，贾玉民. 文白对照说文解字译述：全本［M］. 郑州：中原农民出版社，2000.

［9］联合国教科文组织. 教育：财富蕴藏其中［M］. 联合国教科文组织总部中文科，译. 北京：教育科学出版社，1996.

［10］钟启泉，崔允漷，张华. 为了中华民族的复兴为了每位学生的发展：《基础教育课程改革纲要（试行）》解读［M］. 上海：华东师范大学出版社，2001.

［11］沃特斯. 现代社会学理论［M］. 杨善华，译. 北京：华夏出版社，2000.

［12］韦伯. 社会科学方法论［M］. 韩水法，莫茜，译. 北京：中央编译出版社，1998.

［13］韦伯. 社会科学方法论［M］. 杨富斌，译. 北京：华夏出版社，1999.

［14］莫兰. 复杂思想：自觉的科学［M］. 陈一壮，译. 北京：北京大学出版社，2001.

［15］布迪厄，华康德. 实践与反思：反思社会学引导［M］. 李猛，李康，译. 北京：中央编译出版社，2004.

［16］迪尔凯姆. 社会学方法的准则［M］. 狄玉明，译. 北京：商务印书馆，1995.

［17］卢梭. 爱弥儿：上［M］. 李平沤，译. 北京：人民教育出版社，1985.

［18］康纳利，克兰迪宁. 教师成为课程研究者：经验叙事［M］. 刘良华，邝红军，译. 杭州：浙江教育出版社，2004.

［19］爱因斯坦. 爱因斯坦文集：第三卷［M］. 许良英，赵中立，张宣三，译. 北京：商务印书馆，1979.

［20］班杜拉. 自我效能：控制的实施［M］. 缪小春，李凌，井世洁，等译. 上海：华东师范大学出版社，2003.

［21］杜威. 学校与社会：明日之学校［M］. 赵祥麟，任钟印，吴志宏，译. 北京：人民教育出版社，1994.

［22］卡斯特，罗森茨韦克. 组织与管理：系统方法与权变方法［M］. 傅严，李柱流，译. 北京：中国社会科学出版社，2000.

［23］霍尔，乔尼兹. 文化：社会学的视野［M］. 周晓虹，徐彬，译. 北京：商务印书馆，2002.

［24］林肯，古巴. 自然主义研究［M］. 杨晓波，林捷，译. 北京：科学技术文献出版社，2004.

［25］杜威. 民主主义与教育［M］. 王承绪，译. 北京：人民教育出版社，2001.

［26］佐藤正夫. 教学论原理［M］. 钟启泉，译. 北京：人民教育出版社，1996.

［27］吉登斯，皮尔森. 现代性：吉登斯访谈录［M］. 尹弘毅，译. 北京：新华出版社，2001.

［28］布莱克莱吉，亨特. 当代教育社会学流派：对教育的社会学解释［M］. 王波，陈方明，胡萍，译. 北京：春秋出版社，1989.

［29］鲍曼. 共同体［M］. 欧阳景根，译. 南京：江苏人民出版社，2003.

［30］卜玉华. 教师职业"叙事研究"素描［J］. 教育理论与实践，2003（6）：44-48.

［31］丁钢. 价值取向：课程文化的观点［J］. 北京大学教育评论，2003（1）：

18-20.

［32］丁钢．教育经验的理论方式［J］．教育研究，2003（2）：22-27．

［33］范先佐．构建"国家办学，分类承担"的农村义务教育财政体制［J］．教育发展研究，2004（4）：40-43．

［34］朱志勇．教育研究方法论范式与方法的反思［J］．教育研究与实验，2005（1）：7-12．

［35］冯锐，金婧．学习共同体的思想形成与发展［J］．电化教育研究，2007（3）：72-75．

［36］傅树京．美国PDS政策述评［J］．外国教育研究，2003（4）：10-14．

［37］高志敏．关于终身教育与学习化社会理念的探讨［J］．教育研究，2001（3）：52-58．

［38］韩晓光．城市学生就读县中现象分析[J]．教育发展研究，2007(8)：69-72．

［39］郝林晓，折延东．教师专业能力结构及其成长模式探析［J］．教育理论与实践，2004（14）：30-33．

［40]何李来，李森.论数学课题探究教学[J].课程·教材·教法，2005(3)：55-60．

［41］洪秀敏，庞丽娟．论教师自我效能感的本质、结构与特征［J］．教育科学，2006（4）：44-46．

［42］花蓉．教师教学效能感研究综述［J］．江西教育科研，2006（7）：14-16．

［43]姜勇.论教师专业发展的后现代转向[J].比较教育研究，2005(5)：67-70．

［44]金绍荣，肖前玲.作业批改记录与教师专业化成长[J].上海教育科研，2006（9）：60-61．

［45]孔企平."有效教学"的几个理论问题[J].上海教育科研，2007(2)：33．

［46]李韧.高校教师教学效能感与教学效果研究[J].科技信息，2006(S5)：132-133．

［47］林崇德，申继亮，辛涛．教师素质的构成及其培养途径［J］．中国教育学刊，1996（6）：7．

［48］刘光余．高校自主招生考试制度改革的思考［J］．教育发展研究，

169

2003（10）：29-30.

［49］刘精明. 教育与社会分层结构的变迁：关于中高级白领职业阶层的分析［J］. 中国人民大学学报，2001（2）：21-25.

［50］刘庭风. 中日园林美学比较［J］. 中国园林，2003（7）：4.

［51］刘泽，侯风云. 我国基础教育投入地区差异的量化分析［J］. 华东经济管理，2007（9）：50-53.

［52］苗培周. 当前我国农村教育存在的问题及其应对［J］. 中国教育学刊，2005（5）：1-4.

［53］费孝通. 人的研究在中国：个人的经历［C］//东亚社会研究. 北京：北京大学出版社，1993.

［54］蔡闯. 姜伯驹：新课标让数学课失去了什么？［N］. 光明日报，2005-3-16.

［55］陈金芳. 教育创新是建立我国人力资源优势的必然要求［N］. 光明日报，2003-2-13.

［56］储召生. 对话义务教育数学新课标［N］. 中国教育报，2005-6-1.

［57］李红婷. 我们该从教学模式中获得什么？［N］. 中国教育报，2008-3-14.

后 记

经过了三个春、夏、秋、冬轮回的浸润和数十个难眠之夜的拷问之后，本书终于接近了尾声，我的心境也像四月的重庆这座美丽山城一样逐渐亮丽了起来。

写作本书是极具挑战性的，不过我还算幸运，因为在我的研究生涯中有了杨昌勇教授这位领航者。从硕士到博士，杨老师的睿智与勤奋一直深深地启迪着我：在曲阜师大的校园里杨老师教导我"要靠头脑做事，而不是靠体力做事"。在杏园的寝室里，凌晨四点杨老师还在指导我，"文章基本可以，但还有些小的问题，具体见邮件"。这条信息至今还保存在我的手机里，时常翻阅，鞭策自己。杨老师将我领进了研究的大门，并给予我无数的教诲，使我走完了从硕士到博士之路，但因为弟子愚钝，未能尽纳恩师的教诲。

求学的路途上有幸遇到了张诗亚教授这位良师，先生深邃的洞察与敏捷的思维，常为我等学子叹服。本书在选题和研究的过程中多次得到先生的点拨，每次聆听先生的教诲，都会得到巅峰体验，顿觉人生精彩！先生侃侃讲学的豪情、挥毫泼墨的雅兴、笑怒直陈的性情和入木三分的点评已经深深地印在了我记忆的深处。

我非常幸运地成了丁钢教授的访学博士生，师从丁老师学习，我深切地感受到了丁老师哲学的智慧、文学的情感和教育学所诠释的人生意义。本书从选题到具体调查，从思路到行文都得到了丁老师的诸多指导，丁老师给出的非常宝贵的意见使我受益终身。

非常感谢来自加拿大的人类学老师 David Paul Lumsden 教授，感谢他给我起了个英文名字 James，更感谢他不但对我当面进行指导，在他回到加拿大后，还多次通过邮件关心和指导。

感谢张维平教授、何景熙教授、巴登尼玛教授、廖伯琴教授、吴康宁教授、陆有铨教授、扈中平教授、张学敏教授和吴晓蓉副教授等诸位老师的教导，他

171

们的启迪我都铭记在心。非常感谢基地的张培江老师和资料室王杰老师，在我研究的过程中提供了许多支持，甚为感谢。

感谢我的父母给予了我健康的身体，儿时的艰苦生活是你们的无奈，但是你们的呵护使我能够在困苦中挺住，在挫折中前行。在求学过程中，你们无数次的嘱托与牵挂使我勇往直前。

感谢我的妻子王新兰女士，19 年来，她承担了照顾父母和照料儿女的生活重任，我们相濡以沫走到了现在，她饱尝了生活的艰辛与困苦的滋味！感谢我的善解人意的女儿刘玉涵和乖巧灵气的儿子刘洋，对女儿和儿子的甜蜜回忆常常是我写作的动力！

求学的过程中有 Sunday、邱正伦、龙黎、陈荟、朱晟利、马雷军、高燕、王许人、向帮华、罗利群、周永平、谭莉等同学陪伴，我的人生中增添了许多美好的回忆。感谢李情和姜静帆师姐的帮助，感谢江津区教委的王真勇科长、聚奎中学的白华贤老师、横县中学的周光相老师、横县中学的雷剑耀老师和上海市嘉定区迎园中学的祝郁校长的关心与支持！

回忆起乐乎斋难忘的生活，我的眼睛里经常噙着泪水，因为，我深爱着这片土地！

刘光余

2019 年 4 月于西南大学乐乎斋